做孩子专注力培养的快乐导师

CONCENTRATION

郭 玲 ◎ 主编

东北师范大学出版社

长 春

图书在版编目（CIP）数据

做孩子专注力培养的快乐导师/郭玲主编. — 长春：东北师范大学出版社，2021.3
 ISBN 978-7-5681-7531-9

Ⅰ.①做… Ⅱ.①郭… Ⅲ.①注意－能力培养－儿童教育－家庭教育 Ⅳ.①G781

中国版本图书馆CIP数据核字（2021）第044545号

□责任编辑：石　斌　　　□封面设计：言之凿
□责任校对：刘彦妮　张小娅　□责任印制：许　冰

东北师范大学出版社出版发行
长春净月经济开发区金宝街118号（邮政编码：130117）
电话：0431-84568115
网址：http://www.nenup.com
北京言之凿文化发展有限公司设计部制版
北京政采印刷服务有限公司印装
北京市中关村科技园区通州园金桥科技产业基地环科中路17号（邮编：101102）
2021年3月第1版　2021年3月第1次印刷
幅面尺寸：170mm×240mm　印张：13.5　字数：203千

定价：45.00元

编委会

主　编：郭　玲

副主编：周敏军

编　委：徐华凤　肖雪桐　满　俭　苏军妮

　　　　陈恺彤　陈　菊　赵静雯　林健荣

　　　　赵春如　黎景昕

俄罗斯教育家乌申斯基说："'注意'是我们心灵的唯一门户，意识中的一切必然都要经过它才能进来。"注意力是孩子学习和生活的基本能力，注意力影响着孩子的观察力、记忆力、想象力、思维力等方面的学习能力，因此，良好的注意力是孩子学习的基础，它为孩子的终生发展奠基。

心理学家认为，对学前儿童的注意力进行培养是具有可行性的，3~6岁是开发孩子注意力的关键时期。0~1岁的婴儿只有无意注意；1~3岁的孩子开始有了有意注意；4~5岁孩子的有意注意进一步发展，但无意注意仍占主导。生理学家研究认为，在成人的要求和教育下，孩子的有意注意会逐渐发展并且非常活跃，只要给予必要的刺激和帮助，就会迅速发展某种行为能力，其影响也是持久的。

家长既是孩子的第一任老师，也是孩子专注力培养的重要导师。在家庭培养方面，家长要做到以下方面：一是创设适宜专注力培养的家庭环境，远离嘈杂的区域，为孩子创设整洁、安静、舒适的居家环境；二是营造良好的家庭氛围，给孩子安全、温暖、关爱的心理环境；三是家长帮助孩子养成健康的饮食习惯与作息习惯，坚持参加体育锻炼，保障孩子身心健康；四是陪同孩子开展专注力亲子游戏训练，通过感官训练、混合训练、学习能力训练、运动训练等训练方式，培养孩子的专注品质，增进亲子关系。

1. 感官训练

感官训练是以感官为基础，通过视觉、听觉、味觉、嗅觉、触觉的训练，促进孩子专注品质的发展。

（1）视觉训练：在游戏中，孩子通过视觉观察、分辨或追踪完成指定的游戏任务，游戏任务可以是在图片中找出指定事物、分豆豆、找不同或分辨不同颜色的图形或数字等。

（2）听觉训练：在游戏中，让孩子认真倾听，做出正确反应，如听词拍手、复述句子、正记数及倒记数等。

（3）味觉训练：让孩子品尝生活中的常见食品，如品尝不同味道的调味料、果汁、干果等，通过味觉分辨食物种类。

（4）嗅觉训练：孩子通过闻一闻生活中常见事物的气味，辨别事物种类。例如，闻花味辨种类、闻水果说出名称等。

（5）触觉训练：孩子触摸不同材质、不同形状物品，体验不一样的触觉感受。例如，触摸光滑面与粗糙面、触摸水果说出名称等。

2. 混合训练

混合训练是融合视觉、听觉等多感官通道训练孩子的专注力。如听指令做动作，一方面孩子需要集中注意聆听指令，另一方面孩子要分配注意做出反应，这一活动能锻炼孩子的反应能力，促进孩子注意集中、持久与分配的发展。

3. 学习能力训练

学习能力（如思维能力、记忆力、创造力）是影响孩子未来学习与发展的重要能力，以游戏活动形式训练孩子的学习能力，对其专注品质的形成有一定的促进作用。例如，在纸牌重现游戏中，一定时间内孩子需要观察、记忆纸牌位置，然后凭借记忆将纸牌的位置重摆出来。纸牌重现游戏不仅是记忆训练游戏，而且在游戏过程中能培养孩子注意的集中性与持久性，促进孩子形成专注品质。

4. 运动训练

近年研究发现，孩子如果运动不足，大脑得不到相应的感觉信息的刺激，就容易出现注意缺陷、动作过多或自我控制能力差等表现。因此，运动训练能有效地促进孩子专注发展。通过运动训练游戏，如扔纸球、亲子跳绳、二人三足等，能在锻炼了孩子各方面运动技能的同时，促进了孩子专注力的发展。

专注力是孩子终身学习的基础，希望每一位家长都能掌握专注力的训练方法，成为孩子专注力培养的快乐导师，以亲子游戏方式培养孩子的专注品质！

郭 玲

2020年9月

专注力基础训练（小班）

找一找	2	猜一猜	26
摆豆豆	4	按抓游戏	27
猜猜我在哪	5	多米诺骨牌	28
倒一倒	6	撕报纸	29
捞金币	7	听一听，拍一拍	30
你画我描	8	鳄鱼来啦！	31
图形连连看	10	瓶盖配对	32
消消乐	12	滚接球	33
找绿豆	14	拍塑料袋	34
听口令抢物品	15	扔纸球	35
听声辨物	16	地板亲亲	36
拍电报	17	接娃娃	37
妙妙鼻	18	枕头大战	38
扑克牌分类	19	身体碰一碰	39
豆子进杯	20	小乌龟运玩具	40
取一取	21	走绳子	41
小兔子学数字	22	小马过桥	42
趣玩颜色	24	纸球乐	43

左蹦右跳⋯⋯⋯⋯⋯⋯⋯⋯⋯44	穿越风火轮⋯⋯⋯⋯⋯⋯⋯50
捉尾巴⋯⋯⋯⋯⋯⋯⋯⋯⋯⋯45	关门，开门⋯⋯⋯⋯⋯⋯⋯51
斗牛士⋯⋯⋯⋯⋯⋯⋯⋯⋯⋯46	拍拍手，快快走⋯⋯⋯⋯52
猴子摘苹果⋯⋯⋯⋯⋯⋯⋯47	我和小球赛跑⋯⋯⋯⋯⋯53
我的小脚最灵活⋯⋯⋯⋯48	大脚丫⋯⋯⋯⋯⋯⋯⋯⋯⋯54
模仿小能手⋯⋯⋯⋯⋯⋯⋯49	卖汤圆⋯⋯⋯⋯⋯⋯⋯⋯⋯55

专注力提高训练（中班）

找数字⋯⋯⋯⋯⋯⋯⋯⋯⋯⋯58	身体拍一拍⋯⋯⋯⋯⋯⋯⋯79
找图形⋯⋯⋯⋯⋯⋯⋯⋯⋯⋯60	小小搬运工⋯⋯⋯⋯⋯⋯⋯80
找不同⋯⋯⋯⋯⋯⋯⋯⋯⋯⋯62	眼疾手快⋯⋯⋯⋯⋯⋯⋯⋯81
弹珠哪里跑⋯⋯⋯⋯⋯⋯⋯63	纸杯排排队⋯⋯⋯⋯⋯⋯⋯82
数黑点⋯⋯⋯⋯⋯⋯⋯⋯⋯⋯64	小兔子找家⋯⋯⋯⋯⋯⋯⋯83
形状侦查⋯⋯⋯⋯⋯⋯⋯⋯66	扑克牌分类⋯⋯⋯⋯⋯⋯⋯85
照镜子⋯⋯⋯⋯⋯⋯⋯⋯⋯⋯68	走迷宫⋯⋯⋯⋯⋯⋯⋯⋯⋯86
听不同⋯⋯⋯⋯⋯⋯⋯⋯⋯⋯69	盖棉被⋯⋯⋯⋯⋯⋯⋯⋯⋯87
打钩钩⋯⋯⋯⋯⋯⋯⋯⋯⋯⋯70	数字火车⋯⋯⋯⋯⋯⋯⋯⋯88
家庭音乐会⋯⋯⋯⋯⋯⋯⋯71	数字捉迷藏⋯⋯⋯⋯⋯⋯⋯90
蒙眼小超人⋯⋯⋯⋯⋯⋯⋯72	听句辨错误⋯⋯⋯⋯⋯⋯⋯91
比一比⋯⋯⋯⋯⋯⋯⋯⋯⋯⋯73	颜色找规律⋯⋯⋯⋯⋯⋯⋯92
彩色数字气球⋯⋯⋯⋯⋯⋯74	任务卡⋯⋯⋯⋯⋯⋯⋯⋯⋯94
抽纸条⋯⋯⋯⋯⋯⋯⋯⋯⋯⋯76	什么东西不见了？⋯⋯⋯95
打地鼠⋯⋯⋯⋯⋯⋯⋯⋯⋯⋯77	玩硬币⋯⋯⋯⋯⋯⋯⋯⋯⋯96
扑克收集桶⋯⋯⋯⋯⋯⋯⋯78	消失的扑克牌⋯⋯⋯⋯⋯97

目录

纸牌重现	98	红绿灯	114
图形排排队	99	狙击手	115
拼贴画	100	螃蟹夹公仔	116
叠叠乐	101	我是运球小明星	117
分豆豆	102	好玩的纸巾	118
听词拍手	103	雨伞别倒	119
听指令，数一数	104	欢乐左右跳	120
请你跟我这样做	105	我倒，你扶	121
相反国	106	袋鼠过河	122
西蒙说	107	信任投球	123
森林音乐会	108	萝卜游戏	124
好玩的保龄球	109	抢椅子	125
步步高升	110	倒蹬自行车	126
螃蟹运球	111	爬爬乐	127
小小杂技员	112	快乐传递	128
玩翻纸球	113	花样跳房子	129

专注力拓展训练（大班）

数字找茬	132	圆圈变变变	141
数字追踪	134	比大小	142
数字捉迷藏	136	躲避炸弹	143
词语思维	138	益智连线	145
反向接龙	139	找规律	147
背后写数字	140	不能说"我"	148

井字棋	149	老狼老狼几点钟（一）	182
数一数	150	老狼老狼几点钟（二）	183
圈一圈	151	金鸡独立	184
词语接龙	152	方位游戏	185
超级百货店	153	桌球导弹	186
磁铁找朋友	154	抢杯子	187
方位大作战	155	拍球数数	188
规律图	156	亲子跳绳	189
量词游戏	158	绕物拍球	190
兔子的安全洞	159	小天平	191
物品量一量	161	二人三足	192
小小邮递员	163	迷途知返	193
正记数，倒记数	165	踩老鼠	194
表情译码	166	纸球大作战	195
记图案	168	踢皮球	196
数字传真	170	运西瓜	197
光影游戏	171	踩气球	198
数字变形画	172	双脚夹球跳	199
听故事拍手	174	摆钟障碍跳	200
舒尔特方格	175	顶小球	201
搭扑克牌	177	你抽，我跳	202
大小泡泡	178	躲炸弹	203
接尺子	180	石头剪刀布	204
数字恰恰	181		

专注力基础训练

（小班）

找一找

游戏名称：找一找。

训练类型：视觉训练。

游戏目标：

（1）通过观察，能迅速找到目标物的位置。

（2）在游戏中培养孩子注意的广度。

游戏准备：附图表1张。

游戏玩法：

（1）家长制作一张表格，在表格中画上数字、图形、动物等内容。

（2）请孩子认真观察表格中的内容，根据家长的指令，迅速找到目标

物。例如，家长说："请找到老虎。"孩子要迅速指出老虎的位置。

（3）根据孩子的水平，可逐渐增加任务难度，如家长提示"请找出三角形和熊猫""请找出苹果、爱心和狮子"。

（扫一扫，观看示范视频）

摆豆豆

游戏名称：摆豆豆。

训练类型：视觉训练。

游戏目标：

（1）锻炼孩子手部精细动作。

（2）培养孩子注意的稳定与持久。

游戏准备：白纸、笔、豆子。

游戏玩法：

（1）家长在白纸上画出不规则的线条，尽量不要有交叉。

（2）孩子仔细观察后，将豆豆沿着线条的走向依次摆好。

（扫一扫，观看示范视频）

猜猜我在哪

游戏名称：猜猜我在哪？

训练类型：视觉训练。

游戏目标：

（1）锻炼孩子的视觉追踪能力和观察力。

（2）培养孩子注意的稳定与持久。

游戏准备：硬币、纸杯若干。

游戏玩法：

（1）家长将硬币放进任意一个纸杯内，随意打乱位置。

（2）让孩子认真观察，猜一猜硬币在哪个纸杯里。

（扫一扫，观看示范视频）

倒一倒

游戏名称：倒一倒。

训练类型：视觉训练。

游戏目标：

（1）锻炼孩子手眼协调能力。

（2）培养孩子专注的品质。

游戏准备：2个空塑料瓶、一把豆豆。

游戏玩法：

（1）家长在其中一个空塑料瓶中倒入豆豆。

（2）孩子把豆豆从一个塑料瓶倒进另一个塑料瓶中。游戏可以反复进行。

（扫一扫，观看示范视频）

捞金币

游戏名称: 捞金币。

训练类型: 视觉训练。

游戏目标:

(1) 锻炼孩子手部精细动作和手眼协调能力。

(2) 提高孩子的专注力。

游戏准备: 硬币若干、一个勺子、两个碗。

游戏玩法:

(1) 家长引导孩子认识各种硬币(一角、五角、一元)。

(2) 家长将硬币放在碗里,让孩子在规定的时间内单手用勺子将硬币捞上来。

(3) 游戏难度升级:家长根据孩子的实际情况可提高游戏难度,每次指定硬币让孩子捞,如"五角""一元"等。

(扫一扫,观看示范视频)

你画我描

游戏名称：你画我描。

训练类型：视觉训练。

游戏目标：

（1）提高孩子的手眼协调能力和小肌肉的灵活性。

（2）培养孩子注意力的集中与持久。

游戏准备：白纸、铅笔、水彩笔。

游戏玩法：

（1）家长用铅笔在纸上画出不规则的线条。

（2）孩子用水彩笔沿着线条进行描绘。

（扫一扫，观看示范视频）

游戏附图：

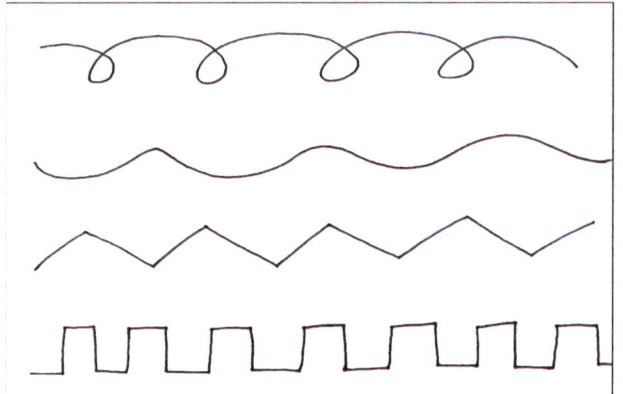

图形连连看

游戏名称：图形连连看。

训练类型：视觉训练。

游戏目标：

（1）巩固孩子对图形的认识。

（2）通过游戏提高孩子的观察力和专注力。

游戏准备：白纸、颜色笔、黑色记号笔。

游戏玩法：

（1）家长将白纸对折，分别在白纸两边画上相同的图形但顺序不同。

（2）孩子通过观察把相同的图形用线连接起来。

（3）根据孩子的水平，逐渐增加难度，如设置更多的图形或数字。

（扫一扫，观看示范视频）

游戏附图:

消消乐

游戏名称：消消乐。

训练类型：视觉训练。

游戏目标：

（1）发展孩子的观察能力和视觉追踪能力。

（2）感知游戏的乐趣,培养孩子注意的持久。

游戏准备：白纸、笔。

游戏玩法：

（1）家长用笔在白纸上画出各种蔬菜水果。

（2）孩子认真观察,根据家长的指令,迅速找到目标物并圈出来,如家长说"请找到所有的茄子",孩子就要把所有茄子圈出来。

（3）根据孩子的水平,可逐渐增加任务难度,如"请画掉所有的苹果和香蕉"。

（扫一扫,观看示范视频）

游戏附图:

找绿豆

游戏名称：找绿豆。

训练类型：视觉训练。

游戏目标：

（1）提高孩子的观察力和手眼协调能力。

（2）培养孩子注意的稳定与持久。

游戏准备：红豆一袋、绿豆几颗、碗两个。

游戏玩法：

（1）家长在碗中倒入一袋红豆，混入几颗绿豆。

（2）孩子在碗中寻找所有绿豆，直到找到全部绿豆为止。

（3）根据孩子的水平，可逐渐增加难度，如缩短找绿豆时间或增加绿豆颗数。

（扫一扫，观看示范视频）

听口令抢物品

游戏名称：听口令抢物品。

训练类型：听觉训练。

游戏目标：

（1）锻炼孩子的听辨能力和快速反应能力。

（2）让孩子感受游戏的快乐，培养孩子专注倾听的品质。

游戏准备：一个玩偶。

游戏玩法：

（1）家长和孩子面对面坐好，把玩偶放于两人中间。

（2）孩子根据口令做相应的动作，当听到"抢"时就要迅速地抢玩偶，看谁的反应快。

（扫一扫，观看示范视频）

听声辨物

游戏名称：听声辨物。

训练类型：听觉训练。

游戏目标：

（1）通过听声音正确判断事物，培养孩子注意的稳定性。

（2）引导孩子倾听与感受不同的声音，培养孩子的探索兴趣。

游戏准备：大自然的各种声音（可以家长模仿，也可以下载音频）。

游戏玩法：

（1）家长每次播放一种声音音频。

（2）孩子根据听到的声音做出判断，说出听到的事物。

（3）根据孩子的水平，可增添各种声音，如动物叫声等。

（扫一扫，观看示范视频）

拍电报

游戏名称：拍电报。

训练类型：听觉训练。

游戏目标：

（1）训练孩子的听觉能力和语言表达能力。

（2）培养孩子专注的品质。

游戏准备：无须道具。

游戏玩法：

（1）家长说一句话，让孩子把原话复述出来。例如，家长："小白兔爱吃萝卜和青菜。"孩子复述："小白兔爱吃萝卜和青菜。"

（2）家长逐渐加长语句，如"穿着花裙子的小白兔爱吃萝卜和青菜""穿着花裙子的小白兔爱吃萝卜、西瓜和青菜"等。

（扫一扫，观看示范视频）

妙妙鼻

游戏名称：妙妙鼻。

训练类型：嗅觉训练。

游戏目标：

（1）在辨别和思考的过程中，培养孩子注意的稳定与集中。

（2）通过嗅觉游戏锻炼孩子嗅觉的灵敏度。

游戏准备：苹果、柠檬、芒果、橙子、香梨等带香气的水果，眼罩。

游戏玩法：

（1）请孩子观察桌面上摆放的水果。

（2）请孩子闭上眼睛或戴上眼罩，家长将水果放在孩子鼻子前面，请孩子闻一闻，说出水果的名称。

（3）水果可换成其他带气味的物品，如香皂、玫瑰花、茉莉花、香水等。

（扫一扫，观看示范视频）

扑克牌分类

游戏名称：扑克牌分类。

训练类型：思维能力训练。

游戏目标：

（1）引导孩子根据扑克牌的四种花色，将扑克牌进行分类。

（2）锻炼孩子的观察能力与分类能力，培养孩子注意的稳定与持久。

游戏准备：一副扑克牌。

游戏玩法：

（1）家长为孩子展示扑克牌的四种花色。

（2）家长随机抽取部分扑克牌，请孩子将扑克牌按照花色的类别进行分类。

（扫一扫，观看示范视频）

豆子进杯

游戏名称：豆子进杯。

训练类型：思维能力训练。

游戏目标：

（1）引导孩子感知数与量的关系，学习点数和配对。

（2）锻炼孩子的逻辑思维能力，培养孩子专注的品质。

游戏准备：铅笔、纸杯若干、豆子若干。

游戏玩法：

（1）家长用铅笔在纸杯上写上数字。

（2）孩子根据纸杯上的数字配对相应点数的豆子。

（扫一扫，观看示范视频）

取一取

游戏名称：取一取。

训练类型：思维能力训练。

游戏目标：

（1）引导孩子认识简单的数字，初步感知数字的有趣。

（2）在游戏过程中，提高孩子的专注力和手眼协调能力。

游戏准备：扑克牌。

游戏玩法：

（1）把1~5点数的扑克牌反面放在桌面上，家长随意抽出一张扑克牌。

（2）孩子根据扑克牌上的点数提示取出相应数量的扑克牌。例如，看到方块4，取4张牌。

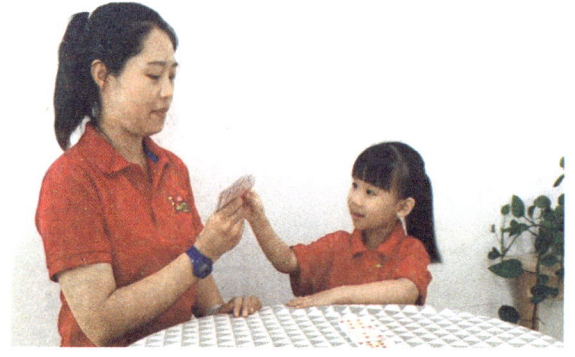

（扫一扫，观看示范视频）

小兔子学数字

游戏名称：小兔子学数字。

训练类型：思维能力训练。

游戏目标：

（1）提高孩子对5以内数字的认知能力。

（2）通过听数字涂颜色游戏，培养孩子注意的集中。

游戏准备：白纸、黑笔、蜡笔。

游戏玩法：

家长在白纸上画上若干方框，方框内写上5以内的任意数字，然后在方框下方画上圆圈；当家长说请找出4号，孩子便在数字4下面的圆圈中涂上颜色，以此类推。

（扫一扫，观看示范视频）

游戏附图：

1	4
2	3
5	1

趣玩颜色

游戏名称：趣玩颜色。

训练类型：思维能力训练。

游戏目标：

（1）加强孩子对颜色的认知。

（2）培养孩子专注完成任务的品质。

游戏准备：白纸、黑笔、颜色笔。

游戏玩法：

（1）家长在白纸上画上4×4的方格，在任意的格子中涂上红、蓝、黄三种颜色。

（2）让孩子观察图表内容，把对应的格子涂上颜色。

（扫一扫，观看示范视频）

游戏附图：

猜一猜

游戏名称：猜一猜。

训练类型：混合训练。

游戏目标：

（1）引导孩子仔细观察手形的变化，猜测硬币变动的位置。

（2）培养孩子注意的稳定与持久。

游戏准备：一枚硬币。

游戏玩法：

（1）家长与孩子面对面坐好。

（2）家长将双手放于背后，将硬币藏于其中的一只手中。随后双手握紧呈现在孩子面前，让孩子猜一猜硬币藏于左手还是右手。

（3）孩子说出自己的想法后，家长张开双手揭晓答案。

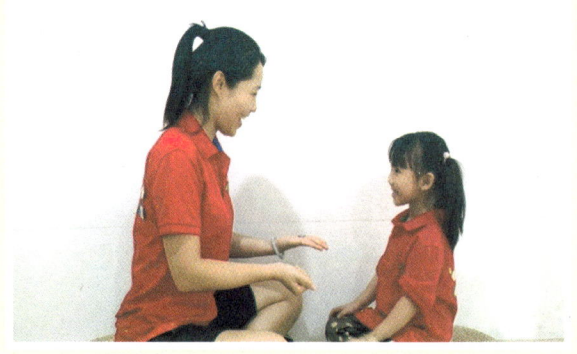

（扫一扫，观看示范视频）

按抓游戏

游戏名称：按抓游戏。

训练类型：混合训练。

游戏目标：

（1）在按抓游戏中，引导孩子根据情境需要做出快速的躲避反应。

（2）锻炼孩子反应的敏捷度，培养孩子注意的集中与稳定。

游戏准备：无须道具。

游戏玩法：

（1）家长与孩子面对面坐好。

（2）家长伸出一只手，孩子用食指在家长手掌心上跳跃性点按。

（3）家长突然将手掌合拢，孩子的手要快速收回，避免被抓住。

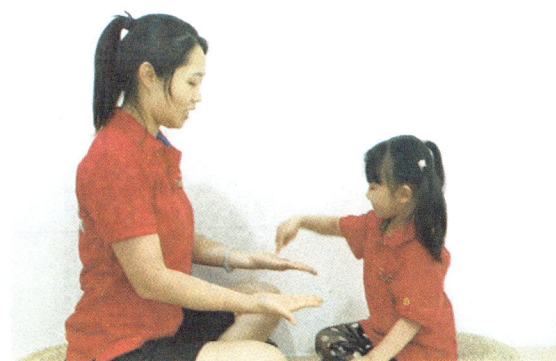

（扫一扫，观看示范视频）

多米诺骨牌

游戏名称： 多米诺骨牌。

训练类型： 混合训练。

游戏目标：

（1）在规律性的排序中，培养孩子注意的集中与持久。

（2）引导孩子学习多米诺骨牌的玩法，感受游戏带来的乐趣。

游戏准备： 多米诺骨牌。

游戏玩法：

（1）家长与孩子共同将多米诺骨牌按序排成直线或者曲线，让孩子初步熟悉游戏。

（2）家长与孩子分别摆不同的线条或图形，并互相欣赏对方的作品。

（扫一扫，观看示范视频）

撕报纸

游戏名称: 撕报纸。

训练类型: 混合训练。

游戏目标:

(1) 引导孩子沿着报纸上绘制的线条,撕出长条或者直线图形。

(2) 在撕纸游戏中,培养孩子专注的品质。

游戏准备: 报纸若干、笔。

游戏玩法:

(1) 家长在报纸上绘制直线或直线图形,请孩子沿着线条撕出长条或者直线图形。

(2) 家长请孩子在报纸上自主设计线条或者图形,撕出自己的作品。

(扫一扫,观看示范视频)

听一听，拍一拍

游戏名称：听一听，拍一拍。

训练类型：混合训练。

游戏目标：

（1）引导孩子根据听到的数字，做出正确的拍打反应。

（2）通过听觉训练，培养孩子注意的集中与稳定。

游戏准备：桌子或凳子。

游戏玩法：

（1）家长与孩子共同坐在桌旁。

（2）家长说数字，请孩子以拍打桌面的方式，拍打相应的次数。

（3）家长拍打桌面，请孩子认真聆听，并说出家长拍打的次数。

（扫一扫，观看示范视频）

鳄鱼来啦！

游戏名称：鳄鱼来啦！

训练类型：混合训练。

游戏目标：

（1）引导孩子根据情境需要，做出快速的躲避反应。

（2）锻炼孩子的反应能力和专注力。

游戏准备：无须道具。

游戏玩法：

（1）家长手臂张开，变成一张大鳄鱼。

（2）孩子扮演大海中的小鱼，小鱼需要在大海里游来游去寻找食物，同时要注意躲避大鳄鱼的捕捉。

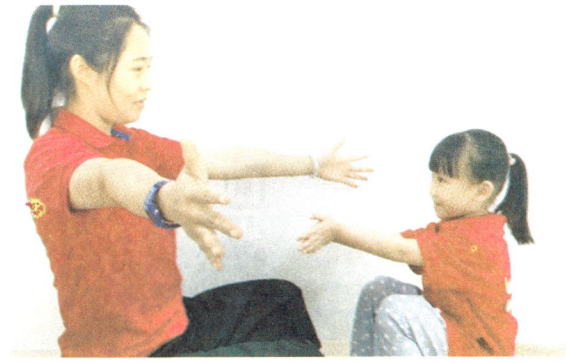

（扫一扫，观看示范视频）

瓶盖配对

游戏名称：瓶盖配对。

训练类型：混合训练。

游戏目标：

（1）锻炼孩子的手部精细动作。

（2）培养孩子专注的品质。

游戏准备：有盖子的小瓶子若干。

游戏玩法：

（1）家长把瓶盖和瓶身分离，打乱顺序。

（2）孩子通过观察，把瓶盖和瓶身进行配对游戏，直到全部配对正确为止。

（3）根据孩子的水平，可适当增加难度，让孩子在规定时间内完成配对。

（扫一扫，观看示范视频）

滚接球

游戏名称：滚接球。

训练类型：运动训练。

游戏目标：

（1）引导孩子按直线方向滚球，准确地接球。

（2）锻炼孩子反应的敏捷度，培养孩子专注的品质。

游戏准备：球1个。

游戏玩法：

（1）家长与孩子相隔3~5米，席地而坐。

（2）家长与孩子互相将球滚向对方，并接住对方滚过来的球。

（扫一扫，观看示范视频）

拍塑料袋

游戏名称：拍塑料袋。

训练类型：运动训练。

游戏目标：

（1）引导孩子持续拍打充气塑料袋，较长时间内保持塑料袋不落地。

（2）培养孩子专注的品质。

游戏准备：塑料袋两个。

游戏玩法：

（1）家长将塑料袋充满空气并绑紧。

（2）家长将塑料袋抛起来，并与孩子一同以拍打的方式保持塑料袋不落地。

（扫一扫，观看示范视频）

扔纸球

游戏名称：扔纸球。

训练类型：运动训练。

游戏目标：

（1）锻炼孩子定点投掷能力。

（2）培养孩子的专注品质。

游戏准备：小箩筐2个、报纸若干。

游戏玩法：

（1）家长与孩子共同把报纸揉成团，做成纸球。

（2）定好起点线，家长与孩子共同将纸球扔进小箩筐里，在规定的时间内，看谁扔的纸球最多。

（扫一扫，观看示范视频）

地板亲亲

游戏名称： 地板亲亲。

训练类型： 动作训练。

游戏目标：

（1）提高孩子对身体部位的认知，锻炼孩子的快速反应能力。

（2）通过听指令做动作，培养孩子注意的集中。

游戏准备： 空旷场地。

游戏玩法：

家长与孩子约定好规则，当家长说到"屁股亲亲"的时候，孩子就马上坐在地板上用屁股去亲亲地板；当家长说到"膝盖亲亲"的时候，孩子就马上用膝盖轻轻碰触地板等。

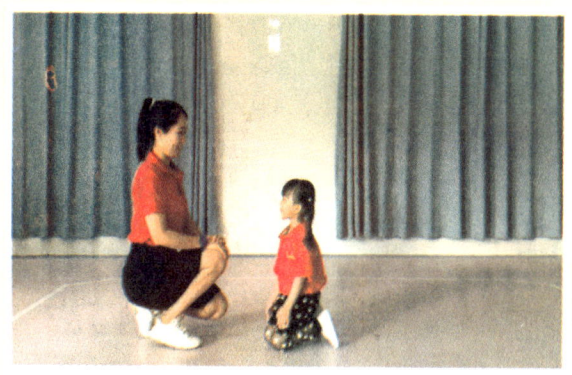

（扫一扫，观看示范视频）

接娃娃

游戏名称：接娃娃。

训练类型：运动训练。

游戏目标：

（1）发展孩子自抛自接的动作，锻炼孩子的视觉追踪能力。

（2）通过抛接布娃娃游戏，培养孩子注意的集中。

游戏准备：布娃娃若干、空旷场地。

游戏玩法：

（1）家长和孩子面对面站立，约2米距离，家长手持布娃娃向孩子方向抛去，孩子双手接住布娃娃不让其掉落地面。

（2）角色互换。孩子抛布娃娃，家长来接住。

（扫一扫，观看示范视频）

枕头大战

游戏名称：枕头大战。

训练类型：运动训练。

游戏目标：

（1）锻炼孩子的观察能力和闪躲能力。

（2）通过躲闪枕头的游戏，培养孩子注意的集中。

游戏准备：枕头若干（可用布娃娃代替）。

游戏玩法：

（1）家长将枕头往孩子方向轻轻扔过去，孩子判断枕头的方向和位置后进行闪躲，尽量保护自己不让枕头扔中。

（2）角色互换，由孩子扮演进攻方，家长扮演防守方。

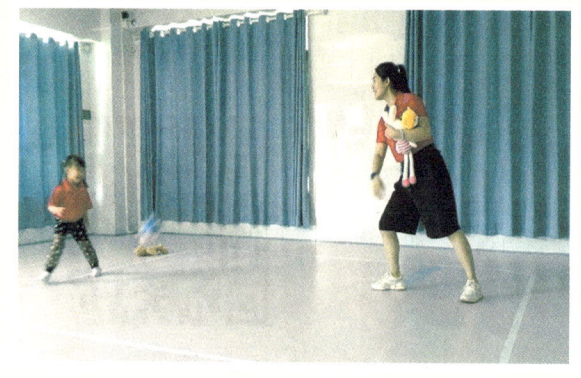

（扫一扫，观看示范视频）

身体碰一碰

游戏名称：身体碰一碰。

训练类型：动作训练。

游戏目标：

（1）提高孩子对身体部位的认知，锻炼孩子快速的反应能力。

（2）通过听部位做动作游戏，培养孩子注意的集中。

游戏准备：无须道具。

游戏玩法：

家长与孩子面对面坐立，家长和孩子轮流当发指令者，当指令为"鼻子碰一碰"时，家长和孩子就马上做出鼻子碰鼻子的动作。以此类推，身体各部位的名称逐一涉及。

（扫一扫，观看示范视频）

小乌龟运玩具

游戏名称：小乌龟运玩具。

训练类型：运动训练。

游戏目标：

（1）在爬行中发展孩子的协调与平衡能力。

（2）培养孩子专注的品质。

游戏准备：布娃娃两个、地垫若干或干净地板。

游戏玩法：

（1）在地上画好起点线和终点线。

（2）孩子与家长手膝着地，将玩偶放在背上，通过爬行的方式将玩偶"运"到终点。

（3）家长与孩子比赛，看谁运送得又快又稳。

（扫一扫，观看示范视频）

走绳子

游戏名称：走绳子。

训练类型：运动训练。

游戏目标：

（1）锻炼孩子的身体平衡能力。

（2）在沿绳子走的游戏中培养孩子注意的集中。

游戏准备：室内或室外场地、长绳一条。

游戏玩法：

（1）家长将长绳拉直放置于地面，孩子一脚在前，一脚在后，脚跟碰脚尖踩着绳子走。

（2）家长将长绳围成圆圈、三角形、正方形、S形等，让孩子沿着绳子走。

（3）小司机倒车。孩子走到绳子的一端，家长发出"倒车，请注意；倒车，请注意"的指令，孩子就双手叉腰倒退往后走，家长在旁边注意孩子安全。

（扫一扫，观看示范视频）

小马过桥

游戏名称: 小马过桥。

训练类型: 运动训练。

游戏目标:

(1) 发展孩子的平衡能力和目测能力。

(2) 通过走凳子游戏,锻炼孩子注意的持久。

游戏准备: 小凳子若干(高度约20cm),室内或室外场地。

游戏玩法:

(1) 家长在场地内并列摆放若干小凳子,孩子打开双手慢慢走过"小桥",家长提醒孩子注意眼睛要看着"小桥"。

(2) 家长将小凳子之间的间隔稍微拉开5~10厘米远,加大游戏难度。家长鼓励孩子再次进行游戏挑战。

(扫一扫,观看示范视频)

纸球乐

游戏名称：纸球乐。

训练类型：运动训练。

游戏目标：

（1）发展孩子的目测能力和手臂肌肉力量。

（2）通过投准练习游戏，培养孩子注意的集中。

游戏准备：废旧纸张做成的纸球若干，粉笔一根。

游戏玩法：

（1）家长与孩子一起将废旧纸张揉成纸球。

（2）家长在地面上画一条起点线，并在距离起点线2米、3米、4米远的地方画上线，标注不同的分值。

（3）家长与孩子站在起点线进行投远比赛，比一比谁投得远，积累的分数最高。

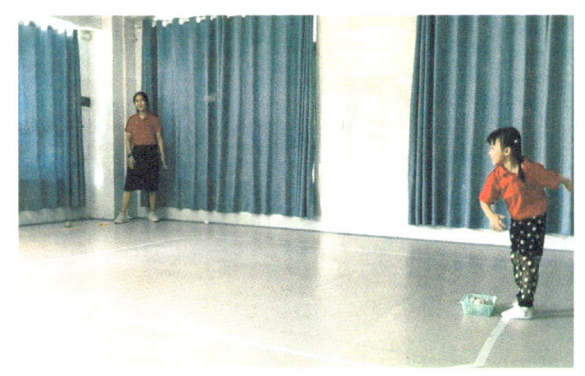

（扫一扫，观看示范视频）

左蹦右跳

游戏名称：左蹦右跳。

训练类型：运动训练。

游戏目标：

（1）在游戏中发展孩子的腿部肌肉力量，增强其下肢力量。

（2）通过双脚并拢跳的游戏，培养孩子注意的稳定与持久。

游戏准备：长绳一根、户外空旷场地。

游戏玩法：

家长将长绳拉直，放置于地面，孩子双脚并拢，以绳子为中线进行左前方和右前方跳跃，注意不能踩到绳子。

（扫一扫，观看示范视频）

捉尾巴

游戏名称：捉尾巴。

训练类型：运动训练。

游戏目标：

（1）锻炼孩子的手眼协调能力和闪躲能力。

（2）通过追逐跑捉尾巴的游戏，培养孩子注意的持久。

游戏准备：室内或室外场地、绳子一根。

游戏玩法：

家长将绳子塞进后背衣服里面做"尾巴"，孩子用手去抓住家长的"尾巴"，家长尽可能通过转身闪躲不让孩子抓住"尾巴"。

（扫一扫，观看示范视频）

斗牛士

游戏名称：斗牛士。

训练类型：运动训练。

游戏目标：

（1）锻炼孩子奔跑的能力，增强其下肢力量。

（2）通过斗牛士的游戏，培养孩子注意的持久。

游戏准备：红色塑料袋（红布）、室内或室外场地。

游戏玩法：

（1）家长拿着红色塑料袋或红布晃动，缓慢移动，使之忽高忽低，时左时右，孩子扮演小牛，用头去顶塑料袋或红布。

（2）游戏角色互换，孩子手拿塑料袋（红布）移动，家长扮演老牛，用头去顶红色塑料袋（红布）。

（扫一扫，观看示范视频）

猴子摘苹果

游戏名称：猴子摘苹果。

训练类型：运动训练。

游戏目标：

（1）发展孩子的跳跃能力，增强孩子的腿部肌肉力量。

（2）通过纵跳触物游戏，培养孩子注意的集中。

游戏准备：纸球、室内或室外场地。

游戏玩法：

家长与孩子面对面站立，距离约1米远，家长手拿纸球举高，孩子进行原地纵跳并尝试抓住纸球。（纸球高度应距离孩子举高手后指尖15~20cm。）

（扫一扫，观看示范视频）

我的小脚最灵活

游戏名称：我的小脚最灵活。

训练类型：运动训练。

游戏目标：

（1）锻炼孩子的下肢力量和平衡能力。

（2）通过切换不同动作的练习，培养孩子注意的集中。

游戏准备：一张红色纸、一张黄色纸、室内或室外场地。

游戏玩法：

（1）家长和孩子约定：红色纸代表原地跑步，黄色纸代表原地单脚立。家长随机出示不同颜色的纸，孩子根据纸张颜色快速做出相应的动作。

（2）角色互换，由孩子出示纸张，家长做出相对应的动作。

（扫一扫，观看示范视频）

模仿小能手

游戏名称：模仿小能手。

训练类型：运动训练。

游戏目标：

（1）锻炼孩子各种走的动作技能。

（2）通过模仿小动物的游戏，培养孩子注意的持久。

游戏准备：室内或室外场地。

游戏玩法：

家长和孩子一起比赛走，由家长和孩子轮流说出一种小动物名字，然后两人同时模仿该种小动物走路的动作，比一比谁说出的动物数量多且模仿得像。

（扫一扫，观看示范视频）

穿越风火轮

游戏名称：穿越风火轮。

训练类型：运动训练。

游戏目标：

（1）发展孩子单手肩上投掷的动作。

（2）通过精准投掷游戏，培养孩子注意的集中。

游戏准备：布娃娃若干。

游戏玩法：

（1）家长在胸前用双臂围成一个圈，在距孩子约2米处侧身站立。

（2）孩子准确投掷布娃娃，落入圈内为成功。

（扫一扫，观看示范视频）

关门,开门

游戏名称:关门,开门。

训练类型:运动训练。

游戏目标:

(1)锻炼孩子的快速反应能力。

(2)通过快速地反应,培养孩子注意的集中。

游戏准备:无须道具。

游戏玩法:

家长和孩子面对面坐下,孩子的手放到家长面前,当家长说开门时,双手就同时打开,说关门时双手就要合上;孩子在家长合上双手之前伸出双手,当家长说开门的时候孩子继续将手放置家长面前,当家长说关门时,孩子不让家长夹住小手,以此类推,比一比是家长厉害还是孩子厉害。

(扫一扫,观看示范视频)

拍拍手，快快走

游戏名称：拍拍手，快快走。

训练类型：运动训练。

游戏目标：

（1）锻炼孩子的奔跑能力和平衡能力。

（2）通过随时切换不同节奏，培养孩子在游戏中注意的稳定性。

游戏准备：室内或室外场地。

游戏玩法：

家长和孩子事先学习拍手的不同节奏，让孩子感受节奏的快慢。如果家长拍手节奏慢，孩子就慢跑；如果家长拍手节奏快，孩子就速度加快；如果家长停止拍手，孩子就原地单脚站立不动。

（扫一扫，观看示范视频）

我和小球赛跑

游戏名称：我和小球赛跑。

训练类型：运动训练。

游戏目标：

（1）发展孩子奔跑的能力，增强腿部肌肉力量。

（2）通过追小球跑的游戏，培养孩子注意的持久。

游戏准备：室外空旷场地，篮球一个。

游戏玩法：

家长和孩子在起点线，家长蹲着将小球推出去，孩子跟着小球出发，并在10秒内追上小球将其按停，抱回起点处继续游戏。

（扫一扫，观看示范视频）

大脚丫

游戏名称：大脚丫。

训练类型：运动训练。

游戏目标：

（1）发展孩子走的动作技能，锻炼身体协调能力。

（2）通过脚踩报纸走的游戏，培养孩子注意的持久。

游戏准备：报纸人手两张、室内空旷光滑地面。

游戏玩法：

家长和孩子同时将双脚踩住两张报纸，然后比赛往前走，走的过程中双脚不能离开报纸，眼睛要看着地面，注意脚和报纸不要分开。

（扫一扫，观看示范视频）

卖汤圆

游戏名称： 卖汤圆。

训练类型： 运动训练。

游戏目标：

（1）发展孩子的手眼协调能力和绕障碍走的能力。

（2）在手持物品走的游戏中，培养孩子注意的持久。

游戏准备： 篮子一个、勺子一个、纸球若干、凳子若干。

游戏玩法：

（1）家长将小凳子按一定的间距排成一排。

（2）将纸球当成汤圆，孩子手拿勺子并将汤圆放在勺子里面，然后慢慢绕着凳子从起点走向终点，过程中纸球不掉落下来即表示成功。

（扫一扫，观看示范视频）

专注力提高训练
（中班）

找数字

游戏名称：找数字。

训练类型：视觉训练。

游戏目标：

（1）引导孩子通过观察找出图中的数字。

（2）培养孩子的观察能力与专注品质。

游戏准备：白纸、水彩笔。

游戏玩法：

（1）家长用各色水彩笔将数字写在白纸上，不同颜色的数字两两重叠，变成一张数字图。

（2）家长请孩子观察数字图，说出图中的数字。

（扫一扫，观看示范视频）

游戏附图：

找图形

游戏名称：找图形。

训练类型：视觉训练。

游戏目标：

（1）引导孩子通过观察找出图中的图形。

（2）培养孩子注意的集中与持久。

游戏准备：白纸、水彩笔。

游戏玩法：

（1）家长用各色水彩笔将图形画在白纸上，不同颜色的图形重叠在一起。

（2）家长请孩子认真观察，说出图中的图形。

（扫一扫，观看示范视频）

游戏附图:

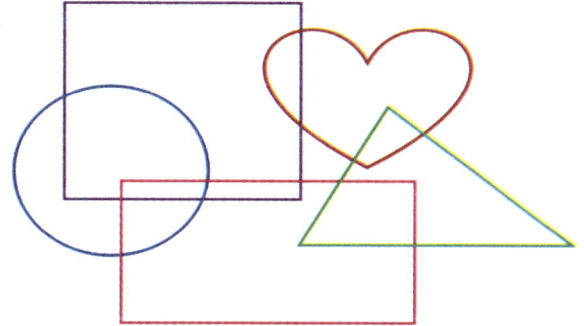

找不同

游戏名称：找不同。

训练类型：视觉训练。

游戏目标：

（1）引导孩子学会观察，找出两幅图中不同的地方。

（2）培养孩子注意的集中与持久。

游戏准备：两幅适合找不同的图、笔。

游戏玩法：

（1）家长准备两幅适合找不同的图。

（2）家长让孩子认真观察，并将图中不相同的地方圈出来。

（扫一扫，观看示范视频）

弹珠哪里跑

游戏名称：弹珠哪里跑。

训练类型：视觉训练。

游戏目标：

（1）锻炼孩子手眼协调能力。

（2）培养孩子专注的稳定与持久。

游戏准备：纸杯、弹珠若干（可用乒乓球、坚果等代替）。

游戏玩法：

（1）家长和孩子在桌子两边面对面坐。

（2）家长将弹珠从桌子一端滚向孩子，孩子在另一端拿纸杯接住弹珠。

（3）根据孩子的水平，可适当增加难度，让孩子左右手各拿一个纸杯进行游戏。

（扫一扫，观看示范视频）

数黑点

游戏名称： 数黑点。

训练类型： 视觉训练。

游戏目标：

（1）引导孩子认真观察，正确数出黑点数量。

（2）培养孩子注意的稳定与持久。

游戏准备： 白纸、黑色记号笔。

游戏玩法：

（1）家长在白纸上画5～6个黑点。

（2）要求孩子只能用眼睛看，不能用手指数，正确数出黑点的数量。

（3）根据孩子水平，可逐渐增加难度。例如，增加黑点数量或画上有大有小的黑点，按口令数黑点。

（扫一扫，观看示范视频）

游戏附图：

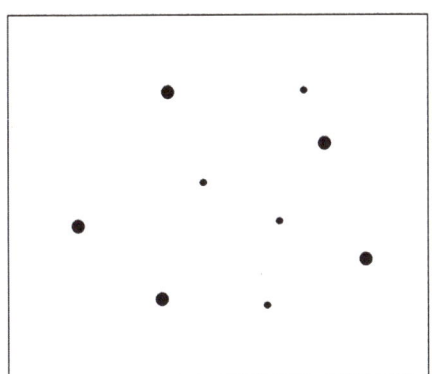

形状侦查

游戏名称：形状侦查。

训练类型：视觉训练。

游戏目标：

（1）加强孩子对形状的认知。

（2）培养孩子专注观察的品质。

游戏准备：白纸、颜色笔。

游戏玩法：

（1）家长用颜色笔在白纸上画出若干个不同形状的图案。

（2）孩子观察并找出每种图案分别有几个。

（3）根据孩子水平调整游戏难度。例如，一开始可以让孩子用手去点数，慢慢地让孩子用眼睛去看并记录。

（扫一扫，观看示范视频）

游戏附图：

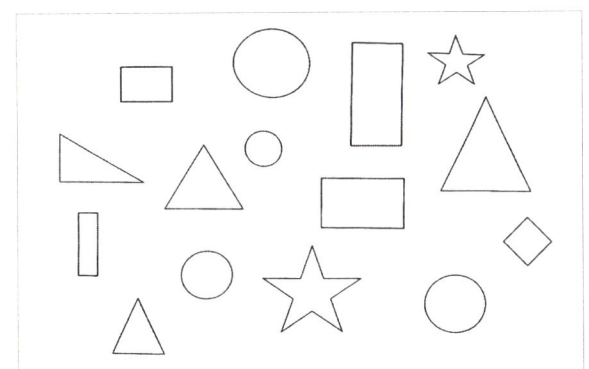

照镜子

游戏名称：照镜子。

训练类型：视觉训练。

游戏目标：

（1）提高孩子小肌肉的灵活度。

（2）培养孩子注意的集中与持久。

游戏准备：无须道具。

游戏玩法：

（1）家长和孩子面对面，双手握拳，放在桌子上。

（2）家长做出各种手型动作，孩子进行模仿。游戏难度可从单手逐渐过渡到双手。

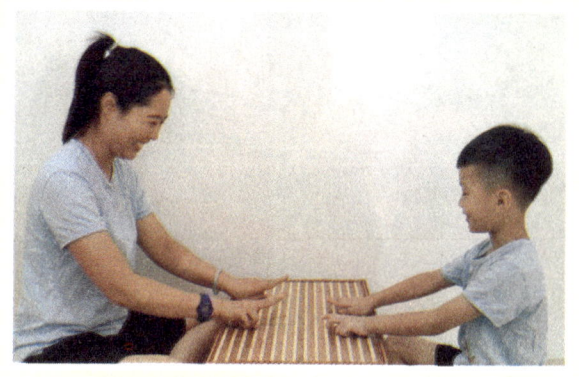

（扫一扫，观看示范视频）

听不同

游戏名称：听不同。

训练类型：听觉训练。

游戏目标：

（1）锻炼孩子听觉记忆能力，促进听知觉发展。

（2）培养孩子耐心倾听的习惯，培养注意的稳定。

游戏准备：无须道具。

游戏玩法：

（1）家长从故事中选择一段话，孩子认真听家长朗读，并记住。

（2）家长第二次朗读内容时，故意将其中的某个词语换掉，让孩子说出两次朗读不一样的地方。

（3）根据孩子的年龄大小、认知程度和专注力时间的长短，选择合适的故事。

（扫一扫，观看示范视频）

打钩钩

游戏名称：打钩钩。

训练类型：听觉训练。

游戏目标：

（1）训练孩子的短时记忆力。

（2）培养孩子注意力的集中与稳定。

游戏准备：白纸、铅笔。

游戏玩法：

（1）家长事先和孩子约定好关键字，如"一"。

（2）家长读一小段故事，孩子认真听，每次听到关键字"一"时就在纸上打一个"√"，家长读完后统计"一"字的个数，判断孩子记录的个数是否与故事中的关键字个数相同。

（扫一扫，观看示范视频）

家庭音乐会

游戏名称：家庭音乐会。

训练类型：听觉训练。

游戏目标：

（1）提高孩子对不同声音的辨识能力，锻炼听觉能力。

（2）通过听声音切换动作，培养孩子注意的集中。

游戏准备：桶、脸盆、碗、筷子、瓶子、杯子等。

游戏玩法：

（1）家长和孩子一起用瓶子装一半水，将桶和碗等反扣在地板上。孩子手持筷子轻敲各种物品，并认真聆听轻敲不同物品时发出来的响声。

（2）家长用指定的动作代表一种声音，孩子根据家长的肢体动作做出敲打反应。例如，家长拍拍手，孩子敲一敲水杯；家长跺跺脚，孩子敲一敲脸盆。

（扫一扫，观看示范视频）

蒙眼小超人

游戏名称：蒙眼小超人。

训练类型：触觉训练。

游戏目标：

（1）引导孩子根据触摸体验，说出物品的名称。

（2）在触摸游戏中，培养孩子注意的集中。

游戏准备：眼罩、触摸物若干。

游戏玩法：

（1）家长在桌面上摆放若干物品，请孩子观察桌面上各种物品的特征。

（2）家长请孩子戴上眼罩，让孩子触摸其中的物品，并说出摸到的物品是什么。

（3）家长让孩子戴着眼罩，在家长的带领下触摸家中各处的物品，并说一说触摸到的物品是什么。

（扫一扫，观看示范视频）

比一比

游戏名称：比一比。

训练类型：混合训练。

游戏目标：

（1）锻炼孩子的手眼协调能力和空间感。

（2）培养孩子的专注品质。

游戏准备：塑料瓶盖子若干。

游戏玩法：

家长将塑料瓶盖全部朝下，然后跟孩子比一比谁先将塑料瓶盖翻成朝上的状态。

（扫一扫，观看示范视频）

彩色数字气球

游戏名称：彩色数字气球。

训练类型：混合训练。

游戏目标：

（1）锻炼孩子小肌肉的灵活性。

（2）发展孩子的观察力和专注力。

游戏准备：白纸、颜色笔、黑色记号笔。

游戏玩法：

（1）家长在白纸上画一条横线，在横线上方画出一排气球，写上数字1～5并涂上颜色。

（2）家长在横线下画满气球并标上数字。

（3）孩子根据最上方的气球指令，给不同的数字气球涂上正确的颜色。

（4）根据孩子的水平，可把气球内的数字变成点点游戏。

（扫一扫，观看示范视频）

游戏附图：

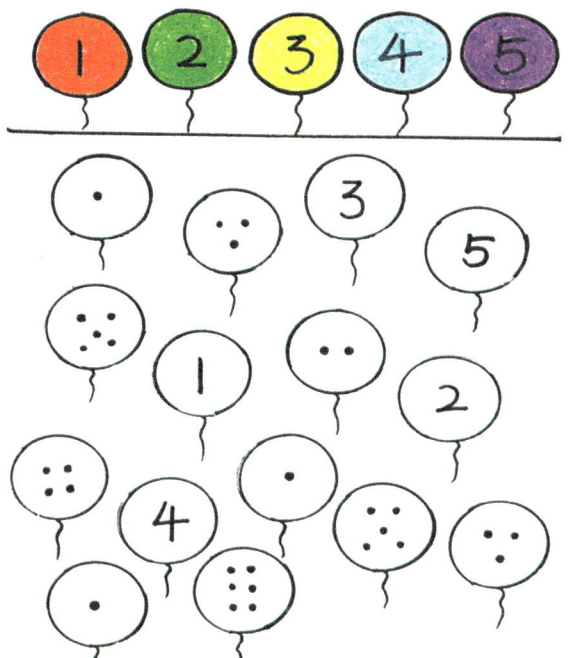

抽纸条

游戏名称：抽纸条。

训练类型：混合训练。

游戏目标：

（1）锻炼孩子的手眼协调能力和反应力。

（2）培养孩子注意的集中。

游戏准备：纸杯若干、纸片若干。

游戏玩法：

（1）家长将纸杯两两叠放，每两个纸杯中间放一张纸片。

（2）孩子需要快速抽掉纸片，使上面的纸杯套进下面的纸杯。

（3）根据孩子水平，可适当增加难度，要求孩子在固定时间内完成游戏。

（扫一扫，观看示范视频）

打地鼠

游戏名称：打地鼠。

训练类型：混合训练。

游戏目标：

（1）锻炼孩子的手眼协调能力和空间感。

（2）培养孩子专注的品质。

游戏准备：塑料瓶盖子若干、纸杯若干。

游戏玩法：

（1）家长将全部塑料瓶盖子放在桌面，将瓶盖口统一朝上，孩子手持纸杯做好准备。

（2）家长快速将任意一个瓶盖翻成瓶盖口朝下的状态，孩子看到家长变换哪个瓶盖就马上用纸杯将其盖住。

（扫一扫，观看示范视频）

扑克收集桶

游戏名称：扑克收集桶。

训练类型：混合训练。

游戏目标：

（1）引导孩子听指令找到相应的扑克牌，锻炼孩子的听知觉能力。

（2）锻炼孩子的观察能力与分类能力，培养孩子注意的稳定与持久。

游戏准备：一副扑克牌、一个空盒子。

游戏玩法：

（1）家长筛选扑克牌，只留下数字。

（2）家长说出特定的扑克牌，如红桃6，孩子听到指令后找到相应的扑克牌并投放到空盒里。

（扫一扫，观看示范视频）

身体拍一拍

游戏名称：身体拍一拍。

训练类型：混合训练。

游戏目标：

（1）锻炼孩子短时记忆力和反应力。

（2）培养孩子注意力的集中与稳定。

游戏准备：无须道具。

游戏玩法：

（1）家长和孩子面对面坐下，家长先有节奏地拍打身体部位。

（2）孩子在家长拍打完成后，立即进行模仿。

（扫一扫，观看示范视频）

小小搬运工

游戏名称：小小搬运工。

训练类型：混合训练。

游戏目标：

（1）锻炼孩子手部控制能力，培养孩子注意的稳定。

（2）增进亲子交流，培养合作精神。

游戏准备：纸杯若干、两根筷子。

游戏玩法：

（1）家长和孩子面对面坐下，分别提起筷子的两端。

（2）家长和孩子合作将杯子依次夹起来，叠放在一起。

（扫一扫，观看示范视频）

眼疾手快

游戏名称：眼疾手快。

训练类型：混合训练。

游戏目标：

（1）锻炼孩子手眼协调能力。

（2）培养孩子专注的品质。

游戏准备：较薄的书本若干。

游戏玩法：

（1）家长把书本贴在墙上较高的位置，让书本顺着墙壁滑落。

（2）孩子需要用手接住书本。

（扫一扫，观看示范视频）

纸杯排排队

游戏名称：纸杯排排队。

训练类型：混合训练。

游戏目标：

（1）增强孩子的空间感。

（2）培养孩子的专注品质。

游戏准备：纸杯若干、笔。

游戏玩法：

（1）家长在纸杯底部分别写上数字1～5。

（2）家长先示范"横"和"纵"的摆放方式。

（3）家长说指令，孩子根据指令摆放纸杯。例如，家长说："横"，孩子就要把纸杯横着摆成41523的顺序。

（4）根据孩子的水平，可逐渐增加纸杯的数量。

（扫一扫，观看示范视频）

小兔子找家

游戏名称：小兔子找家。

训练类型：思维能力训练。

游戏目标：

（1）提高孩子对10以内数字的认知能力，锻炼孩子的快速反应能力。

（2）培养孩子注意的集中与持久。

游戏准备：白纸、黑笔。

游戏玩法：

家长在白纸上画上若干方框，方框内写上10以内的数字或点上10以内任意数字相对应的点数，如5个小黑点代表"5"，然后在方框下方画上圆圈；当家长说"请帮8号小兔子找到它的家"，孩子要观察哪个方框内的数字是"8"或圆点总数为"8"，然后在相对应的"家"里涂上颜色。

（扫一扫，观看示范视频）

游戏附图：

扑克牌分类

游戏名称：扑克牌分类。

训练类型：思维能力训练。

游戏目标：

（1）孩子能根据扑克牌的四种花色对扑克牌进行分类。

（2）锻炼孩子的观察能力与分类能力。

（3）培养孩子注意的稳定与持久。

游戏准备：一副扑克牌、计时器。

游戏玩法：

（1）家长为孩子展示扑克牌的四种花色。

（2）家长请孩子将扑克牌按照花色的类别进行分类，并为孩子计算分扑克牌所用的时间总长。

（扫一扫，观看示范视频）

走迷宫

游戏名称：走迷宫。

训练类型：思维能力训练。

游戏目标：

（1）引导孩子根据迷宫图从入口走到出口。

（2）培养孩子注意的集中与持久。

游戏准备：迷宫图、笔。

游戏玩法：

（1）家长呈现迷宫图，请孩子仔细观察图案，找到入口与出口。

（2）孩子仔细观察，用笔画出走迷宫的路线。

（扫一扫，观看示范视频）

盖棉被

游戏名称： 盖棉被。

训练类型： 思维能力训练。

游戏目标：

（1）发展孩子的观察力和配对能力。

（2）培养孩子注意的分配。

游戏准备： 扑克牌。

游戏玩法：

（1）准备一副扑克牌，分成两份。

（2）家长和孩子轮流放置扑克牌到桌面，后一张牌需盖在前一张牌上面，使前一张牌能露出数字。

（3）当发现放置的扑克牌与桌面上的扑克牌数字相同时，取走盖在它们身上的扑克牌。例如，扑克牌上数字为4、9、8、7、5、2叠在一起，当9盖在2身上时即可取走9、8、7、5、2、9这6张牌。

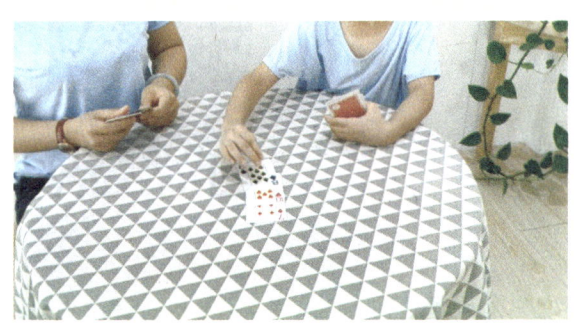

（扫一扫，观看示范视频）

数字火车

游戏名称：数字火车。

训练类型：思维能力训练。

游戏目标：

（1）发展孩子的观察能力和数字追踪能力。

（2）引导孩子感知数字游戏的兴趣，培养注意的持久。

游戏准备：白纸、笔。

游戏玩法：

（1）家长在白纸上打乱顺序写出1～10的所有数字。

（2）孩子用笔按照顺序连接所有数字。

（3）根据孩子的水平，可逐渐增加数字。

（扫一扫，观看示范视频）

游戏附图：

```
1   9    3
8   2       4
    6   5
7          10
```

数字捉迷藏

游戏名称：数字捉迷藏。

训练类型：思维能力训练。

游戏目标：

（1）锻炼孩子的视觉观察能力和直觉注意力。

（2）培养孩子专注的品质。

游戏准备：扑克牌。

游戏玩法：

（1）家长筛选扑克牌，只留下有数字的扑克牌。

（2）家长把扑克牌顺序打乱，摆放在桌面上或地上，孩子将打乱顺序的扑克牌按照从小到大的顺序摆好。

（3）根据孩子的水平，可增加难度，如家长要求孩子在规定的时间内摆放好。

（扫一扫，观看示范视频）

听句辨错误

游戏名称：听句辨错误。

训练类型：思维能力训练。

游戏目标：

（1）锻炼孩子的逻辑思维能力和倾听能力。

（2）培养孩子注意的集中与稳定。

游戏准备：无须道具。

游戏玩法：

（1）家长说一些有明显错误的句子。

（2）孩子通过倾听去判断对错，并加以改正。例如，家长说："鸟儿在水里游"，孩子应该说："鱼儿在水里游"或"鸟儿在天上飞"。

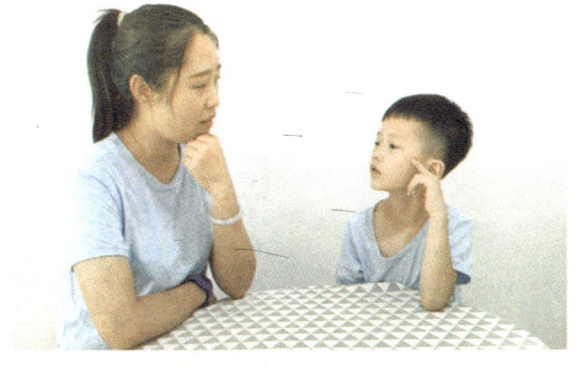

（扫一扫，观看示范视频）

颜色找规律

游戏名称：颜色找规律。

训练类型：思维能力训练。

游戏目标：

（1）发展孩子的观察力和逻辑思维能力。

（2）培养孩子注意的稳定与持久。

游戏准备：白纸、黑笔、彩笔。

游戏玩法：

（1）家长在纸上画出几组有规律的颜色形状，留下一些没有涂色的形状。

（2）让孩子观察图中每一行的形状，推理出空白处的颜色，并用彩笔涂上正确的颜色。

（扫一扫，观看示范视频）

游戏附图：

任务卡

游戏名称： 任务卡。

训练类型： 思维能力训练。

游戏目标：

（1）锻炼孩子的思维能力和快速反应能力。

（2）培养孩子注意的集中与持久。

游戏准备： 白色小卡片若干。

游戏玩法：

家长提前在小卡片上写好各种任务，如"原地跳3下""学小企鹅走路""原地转3圈""拍手掌5下"等。孩子与家长进行剪刀石头布，输的那一方就随机抽取一张卡片，然后完成卡片上面的任务。

（扫一扫，观看示范视频）

什么东西不见了？

游戏名称：什么东西不见了？

训练类型：记忆能力训练。

游戏目标：

（1）引导孩子通过观察与记忆，说出消失的物品。

（2）锻炼孩子的记忆力，培养孩子专注的品质。

游戏准备：生活常见用品，如糖果、水果、小玩偶、纸、笔等。

游戏玩法：

（1）家长将物品摆放于桌面，请孩子认真观察，并记住桌面上有什么物品。

（2）请孩子闭上眼睛，家长取走桌面上的一个或者两个物品并藏起来，让孩子睁开眼睛观察，说一说什么东西不见了。

游戏建议：

（1）在游戏中，如果孩子已经熟悉桌面物品，家长可以更换，进行新一轮游戏。

（2）家长可根据孩子的水平，逐渐增加取走物品的数量。

（扫一扫，观看示范视频）

玩硬币

游戏名称： 玩硬币。

训练类型： 记忆能力训练。

游戏目标：

（1）训练孩子的短时记忆能力。

（2）培养孩子注意的稳定与持久。

游戏准备： 硬币若干。

游戏玩法：

（1）家长随意抓取一把硬币，每次让孩子观察3～5秒。

（2）3～5秒过后让孩子猜测硬币的数量。

（3）根据孩子的水平，逐渐增加难度。

游戏建议：

缩短观察时间；把硬币换成不同种类的豆子；改变提问的问题，如"左手有几个硬币？硬币总数是多少？右手正面的硬币有几个？"等。

（扫一扫，观看示范视频）

消失的扑克牌

游戏名称：消失的扑克牌。

训练类型：记忆力训练。

游戏目标：

（1）引导孩子通过观察与记忆，找出消失的扑克牌。

（2）提高孩子的观察力与记忆力，培养孩子注意的稳定与持久。

游戏准备：扑克牌。

游戏玩法：

（1）请孩子先观察扑克牌上面的数字。

（2）请孩子闭上眼睛，家长抽走一张牌，让孩子说说哪一张牌不见了。

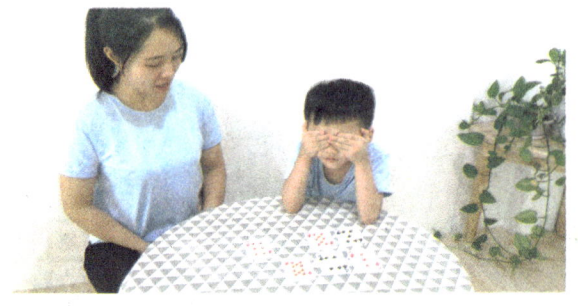

（扫一扫，观看示范视频）

纸牌重现

游戏名称：纸牌重现。

训练类型：记忆力训练。

游戏目标：

（1）通过观察与记忆，将扑克牌重现。

（2）培养孩子注意的集中与稳定。

游戏准备：扑克牌。

游戏玩法：

（1）家长在桌面呈现4张扑克牌，请孩子观察并记住扑克牌的数字及位置。

（2）家长将扑克牌的顺序打乱，然后请孩子将扑克牌按原先的位置摆出来。

（扫一扫，观看示范视频）

图形排排队

游戏名称：图形排排队。

训练类型：想象力训练。

游戏目标：

（1）加强孩子对图形的认知，锻炼孩子的手眼协调能力。

（2）训练孩子的想象力和创造力，提升专注力。

游戏准备：纸杯若干、纸条若干、笔。

游戏玩法：

（1）家长和孩子分别在纸杯上画出几种图形。

（2）孩子将画有图形的纸杯摆放出不一样的图形顺序，把它们绘制成不同图形的图卡，看看孩子可以创造出几种摆放顺序。

（3）根据孩子兴趣更换游戏玩法。例如，按照绘制的图卡进行配对竞赛，看看谁的速度最快。

（扫一扫，观看示范视频）

拼贴画

游戏名称： 拼贴画。

训练类型： 创造力训练。

游戏目标：

（1）引导孩子用纸片按照自己的想法去拼凑造型。

（2）发展孩子的想象与创造能力，培养孩子专注的品质。

游戏准备： 报纸、剪刀、白纸。

游戏玩法：

（1）家长与孩子将报纸剪成各种形状。

（2）家长与孩子按照自己的想法用各种形状的报纸进行拼凑，并相互欣赏对方拼贴的作品。

（扫一扫，观看示范视频）

叠叠乐

游戏名称：叠叠乐。

训练类型：混合训练。

游戏目标：

（1）引导孩子掌握杯子垒高的方法。

（2）提高孩子的专注力。

游戏准备：杯子、计时器。

游戏玩法：

在规定的时间内，孩子与家长开始垒杯子，谁的杯子垒得最高就算谁赢。

（扫一扫，观看示范视频）

分豆豆

游戏名称:分豆豆。

训练类型:混合训练。

游戏目标:

(1)通过分豆豆,锻炼孩子的观察能力与分辨能力。

(2)培养孩子注意的稳定与持久。

游戏准备:小碗4个、豆豆3种。

游戏玩法:

(1)家长将3种不同的豆豆混合后装在一个小碗中。

(2)孩子将豆子按类别分别放入另外3个小碗中,直至豆子分完。

(3)家长可以为孩子分豆豆的活动计时。

(扫一扫,观看示范视频)

听词拍手

游戏名称：听词拍手。

训练类型：听觉训练。

游戏目标：

（1）训练孩子听觉的灵敏度。

（2）培养孩子注意的集中与持久。

游戏准备：无须道具。

游戏玩法：

（1）家长说词组，如冰箱、鞋子、牛奶、蛋糕、衣服，孩子听到有关食物的词语就拍手。

（2）拍手的词组类别可以换成其他，如数字、人名、动物等。

（3）拍手动作也可以换成跺脚、嘟嘴、眨眼睛等。

（扫一扫，观看示范视频）

听指令，数一数

游戏名称：听指令，数一数。

训练类型：混合训练。

游戏目标：

（1）引导孩子根据指令将听到的数字呈现出来。

（2）培养孩子专注的品质。

游戏准备：无须道具。

游戏玩法：

（1）家长随意说一个数字（10以内的数字），如数字5。

（2）孩子伸出5个手指头表示"5"。

（3）家长更换数字，反复进行游戏。

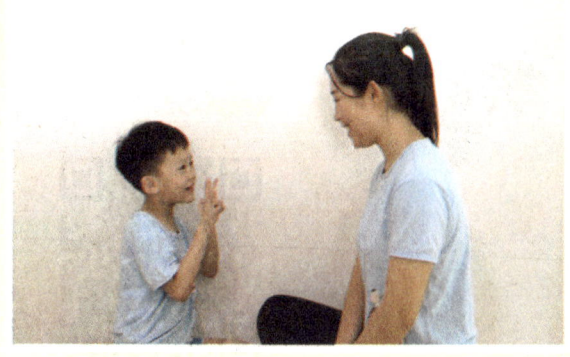

（扫一扫，观看示范视频）

请你跟我这样做

游戏名称：请你跟我这样做。

训练类型：混合训练。

游戏目标：

（1）引导孩子将观察到的动作模仿出来。

（2）培养孩子注意的集中与分配。

游戏准备：无须道具。

游戏玩法：

家长任意做一个肢体动作，请孩子认真观察，然后模仿做出来。

（扫一扫，观看示范视频）

相反国

游戏名称：相反国。

训练类型：听觉训练。

游戏目标：

（1）提高孩子的听知觉能力和反应能力。

（2）培养孩子注意的集中和稳定。

游戏准备：无须道具。

游戏玩法：

（1）家长和孩子面对面站立，家长说一个口令，孩子按照这个口令要做出相反的动作。例如，家长发出指令"抬头"，孩子做相反的动作低头；家长说："向前一步走"，孩子就要后退一步；家长说："往左跳两步"，孩子就要往右跳两步。

（2）家长和孩子轮换角色进行游戏。

（扫一扫，观看示范视频）

西蒙说

游戏名称：西蒙说。

训练类型：混合训练。

游戏目标：

（1）引导孩子认真聆听指令，做出正确的反应。

（2）培养孩子注意的集中与分配。

游戏准备：无须道具。

游戏玩法：

（1）家长与孩子说明游戏规则：只有"西蒙说"的指令才能听从，其他的指令不做任何反应。例如，家长发出指令，"西蒙说：'跳一跳！'"孩子做跳一跳动作；家长发出指令："抬起头！"孩子不做任何反应。

（2）家长发出不同的指令，孩子根据指令做出正确反应。

（3）角色互换，反复游戏。

（扫一扫，观看示范视频）

森林音乐会

游戏名称：森林音乐会。

训练类型：混合训练。

游戏目标：

（1）锻炼孩子的听觉能力和模仿能力。

（2）通过模仿小动物哼歌，培养孩子注意的集中。

游戏准备：无须道具。

游戏玩法：

（1）家长和孩子先认识并模仿各种动物的叫声，如小公鸡、小猫、小狗、青蛙、小羊等的叫声。

（2）当家长说到小猫在唱《小星星》时，孩子便模仿小猫的叫声去哼唱《小星星》；当家长说到"小狗"时，孩子便模仿小狗的声音哼唱。

（3）家长可以与孩子分别扮演不同的小动物，合唱一首儿歌。

（扫一扫，观看示范视频）

好玩的保龄球

游戏名称：好玩的保龄球。

训练类型：动作训练。

游戏目标：

（1）锻炼孩子的手臂力量，提高孩子的目测能力。

（2）培养孩子注意的分配。

游戏准备：饮料瓶若干、球1个。

游戏玩法：

（1）将饮料灌满水并排列整齐，在瓶子前方2米处画上起点线。

（2）家长拿球站在起点线处示范保龄球的玩法。

（3）与孩子重新排列保龄球，开始游戏。每次要统计双方击中保龄球的数量，击中多的一方获胜。

（扫一扫，观看示范视频）

步步高升

游戏名称： 步步高升。

训练类型： 动作训练。

游戏目标：

（1）发展孩子的方位认知能力，锻炼孩子的快速反应能力。

（2）培养孩子注意的集中与持久。

游戏准备： 阶梯（或地板方格）。

游戏玩法：

家长和孩子在楼梯底层开始进行剪刀石头布，赢的一方上升一步，输的一方原地不动（地板方块为前进一格）。在规定的时间内比比谁前进的位置更多。

（扫一扫，观看示范视频）

螃蟹运球

游戏名称：螃蟹运球。

训练类型：动作训练。

游戏目标：

（1）引导孩子学习两人合作，用身体夹球往前走的技能。

（2）发展孩子动作的协调性和灵敏性，培养孩子的专注品质。

游戏准备：篮球1个、箩筐1个。

游戏玩法：

（1）家长设置起点线，并将箩筐放在5米处作为终点。

（2）孩子与家长合作，用身体夹住球站在起点线上，然后向前走，保持球不落地。

（3）到终点后，孩子与家长将篮球投进箩筐中，游戏可以反复进行。

（扫一扫，观看示范视频）

小小杂技员

游戏名称：小小杂技员。

训练类型：运动训练。

游戏目标：

（1）锻炼孩子的前庭平衡及本体感。

（2）通过孩子头顶着物体行走，培养孩子注意的集中与持久。

游戏准备：室内或室外场地、小沙包人手两个。

游戏玩法：

（1）家长和孩子双手打开，五指分开，手心向下，分别将沙包放置两条手背上，然后家长与孩子一起进行慢走或快走比赛，如果沙包掉下来就要从起点重新出发。

（2）家长和孩子将沙包放置在头顶，两人比赛，看看谁能坚持不让沙包掉下来。

（扫一扫，观看示范视频）

玩翻纸球

游戏名称：玩翻纸球。

训练类型：运动训练。

游戏目标：

（1）发展孩子投高的动作技能，提高投掷能力。

（2）通过自抛自接纸球游戏，培养孩子注意的集中。

游戏准备：雨伞、A4废旧纸张（废旧报纸）、户外空旷场地。

游戏玩法：

（1）家长和孩子将报纸揉成纸团，然后单手拿着一个纸球，单手进行自抛自接的练习，比比谁能坚持让纸球不掉下来。

（2）家长打开雨伞，反向手持雨伞作为投掷目标，与孩子保持至少1米远，孩子手持纸球，单手将纸球投向高空的雨伞里面；家长在移动中适时将雨伞里面的纸球抖动到地上，让孩子捡起来继续进行投掷练习。

（扫一扫，观看示范视频）

红绿灯

游戏名称：红绿灯。

训练类型：运动训练。

游戏目标：

（1）发展孩子的身体控制力，提高身体协调能力。

（2）通过看手势做动作，培养孩子注意的集中。

游戏准备：室内或室外场地。

游戏玩法：

（1）家长和孩子约定好拳头代表红灯，手掌代表绿灯。家长和孩子面对面站立，距离4～5米远，孩子根据家长的手势动作做出反应：手掌表示前进，拳头表示马上停止并单脚站立。

（2）家长与孩子角色互换，孩子做手势，家长做动作。

（扫一扫，观看示范视频）

狙击手

游戏名称：狙击手。

训练类型：运动训练。

游戏目标：

（1）锻炼孩子的协调能力和反应能力。

（2）通过追踪光的位置进行投掷，培养孩子注意的集中。

游戏准备：室内环境、废旧报纸、手电筒。

游戏玩法：

家长和孩子一起将废旧报纸揉成纸团作为投掷物，家长拿出手电筒照在墙上发出亮光，孩子根据亮光的位置进行投掷。（家长照射亮光的位置可根据孩子投掷的实际情况进行切换。）

（扫一扫，观看示范视频）

螃蟹夹公仔

游戏名称： 螃蟹夹公仔。

训练类型： 运动训练。

游戏目标：

（1）发展孩子的手脚协调能力，促进身体动作协调。

（2）通过快速夹公仔游戏，培养孩子注意的集中。

游戏准备： 室内场地、公仔玩偶一个。

游戏玩法：

孩子坐在地板上，双脚伸直后打开，家长手拿公仔在孩子两脚之间快速放下。孩子看准时机，在公仔下落瞬间用双脚将其夹住。

（扫一扫，观看示范视频）

我是运球小明星

游戏名称：我是运球小明星。

训练类型：运动训练。

游戏目标：

（1）发展孩子在行进间运球的能力，锻炼孩子的手眼协调能力。

（2）培养孩子注意的持久。

游戏准备：废旧报纸一张、篮球一个、室内或室外场地。

游戏玩法：

（1）将报纸摊开放置在地面上，家长手拿报纸的一边缓慢拖动，孩子跟着报纸的移动轨迹双手运球，使球尽量落在报纸上。

（2）家长手拿报纸的一边在地面上缓慢拖动，孩子跟着报纸的移动轨迹单手运球，使球尽量落在报纸上。

（扫一扫，观看示范视频）

好玩的纸巾

游戏名称：好玩的纸巾。

训练类型：运动训练。

游戏目标：

（1）锻炼孩子的奔跑和跳跃能力，提高孩子的反应灵敏度。

（2）通过自抛自接纸巾游戏，培养孩子注意的集中。

游戏准备：室外空旷场地、纸巾。

游戏玩法：

（1）家长和孩子面对面站立距离3～5米远，单手将纸巾轻轻往高空抛去，孩子在纸巾抛在空中的瞬间马上跑到纸巾位置处并接住纸巾，即表示成功。

（2）游戏升级，孩子用双脚往前跳到纸巾的位置并接住纸巾，即表示成功。

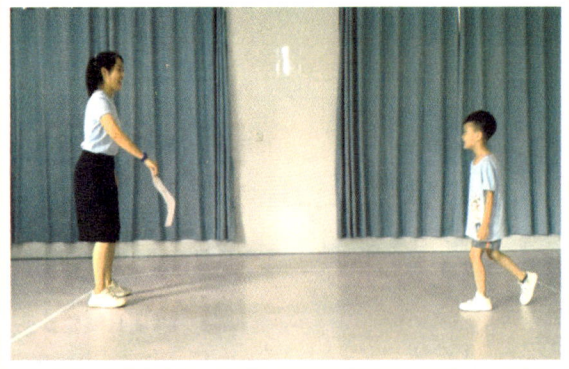

（扫一扫，观看示范视频）

雨伞别倒

游戏名称：雨伞别倒。

训练类型：运动训练。

游戏目标：

（1）锻炼孩子的快速反应能力和协调能力。

（2）通过快速扶住雨伞游戏，培养孩子注意的集中。

游戏准备：室内或室外场地、长雨伞。

游戏玩法：

孩子面对家长站立，距离约1米远，家长手持雨伞，使雨伞垂直于地面，数"一、二、三"后放手，让雨伞自然倒下。孩子听到"三"之后马上扶住雨伞，不让其倒下。

（扫一扫，观看示范视频）

欢乐左右跳

游戏名称：欢乐左右跳。

训练类型：运动训练。

游戏目标：

（1）发展孩子的跳跃能力，锻炼孩子的腿部肌肉力量。

（2）培养孩子注意的稳定与持久。

游戏准备：废旧报纸、室内或室外场地。

游戏玩法：

家长将废旧报纸放置在地面上，孩子站在报纸前面，左右脚交替跳，每次每只脚的落点都在报纸上。家长可在旁拍手打节奏，鼓励孩子根据家长的拍手节奏进行交替跳跃练习。

（扫一扫，观看示范视频）

我倒，你扶

游戏名称： 我倒，你扶。

训练类型： 运动训练。

游戏目标：

（1）锻炼孩子的腿部肌肉力量和平衡能力。

（2）通过改变纸杯状态的游戏，培养孩子注意的持久。

游戏准备： 一次性纸杯若干。

游戏玩法：

（1）家长和孩子一起坐在地板上，然后将一次性纸杯平放在地面上，家长用脚将纸杯放倒，孩子用脚将纸杯扶起来，比赛看看谁先完成。

（2）游戏角色互换，由孩子用脚将纸杯放倒，家长用脚将纸杯扶起来。

（扫一扫，观看示范视频）

袋鼠过河

游戏名称： 袋鼠过河。

训练类型： 运动训练。

游戏目标：

（1）发展孩子双脚向前跳的动作，锻炼其腿部肌肉力量。

（2）通过跳跃地垫游戏，培养孩子注意的集中。

游戏准备： 地垫若干、室内或室外场地。

游戏玩法：

孩子站立在起点线，家长将一块地垫放置于地面，孩子进行立定跳远，跳到地垫旁边的位置。然后家长再根据孩子的实际情况继续往前摆放另一块地垫，让孩子作为跳跃目标，进行跳跃练习。

（扫一扫，观看示范视频）

信任投球

游戏名称：信任投球。

训练类型：运动训练。

游戏目标：

（1）发展孩子单手肩上投掷的动作技能，提高投掷能力。

（2）通过接纸球游戏，培养孩子注意的集中。

游戏准备：室内或室外场地、脸盆两个、纸球若干。

游戏玩法：

（1）孩子背对家长坐在地面上，家长距离孩子2～3米远，手拿脸盆，孩子手拿纸球往后抛，家长判断纸球的位置，用脸盆将其接住。

（2）角色互换，家长坐立在地面，孩子手拿脸盆站在家长背后，家长将纸球往后抛，孩子用脸盆去接。比一比谁接住的更多。

（扫一扫，观看示范视频）

萝卜游戏

游戏名称：萝卜游戏。

训练类型：运动训练。

游戏目标：

（1）锻炼孩子的动作灵活性和腿部肌肉力量。

（2）通过迅速变换各种动作，培养孩子注意的集中。

游戏准备：室内或室外场地。

游戏玩法：

（1）家长和孩子并排站立，约定好家长代表"红萝卜"，孩子代表"黄萝卜"，相应颜色的萝卜听到指令，要服从命令做动作。

（2）游戏由家长开始第一个动作，如"红萝卜蹲，红萝卜蹲，红萝卜蹲完黄萝卜跳"，孩子一边跳一边说"黄萝卜跳，黄萝卜跳，黄萝卜跳完红萝卜跳"，以此类推，反复进行游戏。

（扫一扫，观看示范视频）

抢椅子

游戏名称：抢椅子。

训练类型：运动训练。

游戏目标：

（1）锻炼孩子的奔跑能力和身体协调能力。

（2）通过认真聆听音乐抢椅子，培养孩子注意的集中。

游戏准备：小椅子（椅子数量比游戏人数少）、室内或室外场地。

游戏玩法：

准备好小椅子，家长和孩子一起听着音乐围着椅子慢跑，当听到音乐声停止了，马上去抢椅子坐在上面，抢到的为胜利方。

（扫一扫，观看示范视频）

倒蹬自行车

游戏名称：倒蹬自行车。

训练类型：运动训练。

游戏目标：

（1）锻炼孩子腿部肌肉力量和身体协调能力。

（2）培养孩子注意的集中与持久。

游戏准备：床或软垫。

游戏玩法：

家长和孩子分别躺在床的两头，抬起脚让双方脚心贴住脚心，然后两人一前一后地蹬腿，像倒骑自行车一样。

（扫一扫，观看示范视频）

爬爬乐

游戏名称：爬爬乐。

训练类型：运动训练。

游戏目标：

（1）训练孩子身体的敏捷性，锻炼孩子手脚着地爬的动作技能。

（2）通过手脚着地爬不碰障碍物的游戏，培养孩子注意的持久。

游戏准备：废旧饮料瓶若干、玩具若干、篮子两个。

游戏玩法：

将饮料瓶一排有间隔地放置在地面上，家长和孩子比赛，通过手脚着地爬的方式，不碰到饮料瓶然后到达玩具放置点，拿起一个玩具往回跑，放到篮子里面。比一比谁先将所有的玩具放置到篮子里面。

（扫一扫，观看示范视频）

快乐传递

游戏名称：快乐传递。

训练类型：运动训练。

游戏目标：

（1）锻炼孩子的投掷能力和手眼协调能力。

（2）通过接住抱枕游戏，培养孩子注意的集中。

游戏准备：两个抱枕、室内场地。

游戏玩法：

家长和孩子面对面站立，距离约1米远，两人双手拿一个抱枕数"一、二、三"，当数到"三"的时候同时将抱枕抛给对方，两个人要接住对方抛过来的抱枕才算成功。

（扫一扫，观看示范视频）

花样跳房子

游戏名称：花样跳房子。

训练类型：运动训练。

游戏目标：

（1）锻炼孩子的跳跃能力和腿部肌肉力量。

（2）通过观察方向做动作，培养孩子注意的持久。

游戏准备：室内场地、鞋子若干双。

游戏玩法：

家长将鞋子摆成不同方向，孩子向前跳跃后落地方向要与鞋子的方向一致。（鞋子摆放可一只或者两只，一只鞋子时则单脚落地，两只鞋子时则双脚落地。）

（扫一扫，观看示范视频）

专注力拓展训练

（大班）

数字找茬

游戏名称： 数字找茬。

训练类型： 视觉训练。

游戏目标：

（1）锻炼孩子对数字的辨识力。

（2）提高孩子的观察力和专注力。

游戏准备： 白纸、颜色笔。

游戏玩法：

（1）家长用颜色笔在白纸上写上几串数字。

（2）孩子通过观察，找出前面一串数字和后面一串数字中不一样的数字，并圈出来。

（3）可根据孩子的水平调整游戏难度，如调整数列长度。

（扫一扫，观看示范视频）

游戏附图：

```
6 4 5 4 7 8 5 2 —— 6 4 5 4 7 3 2 5
0 3 7 4 6 1 7 4 —— 0 3 7 4 6 7 7 4
1 0 8 8 3 4 6 2 —— 1 0 6 8 3 4 6 3
6 8 5 4 0 4 7 3 —— 6 8 5 4 9 4 7 5
7 4 6 3 9 8 4 0 —— 6 4 6 3 9 8 4 8
```

数字追踪

游戏名称：数字追踪。

训练类型：视觉训练。

游戏目标：

（1）学习数字与数量的对应关系。

（2）培养孩子注意力的持久性。

游戏准备：白纸、颜色笔。

游戏玩法：

（1）家长在白纸上方画上圆点代替数字，并且画上不规则的线条。

（2）孩子通过观察和追踪线条的走向，找到正确位置，并写上圆点所对应的数字。

（扫一扫，观看示范视频）

游戏附图：

数字捉迷藏

游戏名称：数字捉迷藏。

训练类型：视觉训练。

游戏目标：

（1）发展孩子的视觉观察能力和数字的认知能力。

（2）引导孩子感知数字游戏的乐趣，培养注意的广度。

游戏准备：白纸、水彩笔。

游戏玩法：

（1）家长在白纸上随意写下不同的1~10中的数字。

（2）家长指定数字，孩子根据要求寻找白纸上所有的指定数字。例如，用红色圆圈画出所有的数字2，用蓝色三角形画出所有的数字6，等等。

（3）根据孩子的水平适当增加或减少数字的范围。

（扫一扫，观看示范视频）

游戏附图：

1	8	6	3
7	10	4	9
5	2	8	5
3	8	4	2

词语思维

游戏名称：词语思维。

训练类型：听觉训练。

游戏目标：

(1) 引导孩子根据听到的词语做出正确的分析和反应。

(2) 培养孩子注意力的集中与稳定。

游戏准备：无须道具。

游戏玩法：

(1) 家长念一些词语，孩子认真听，按要求做动作。例如，孩子听到动物类词语就点头，听到水果类词语就拍手。

(2) 根据孩子的水平，可逐渐在基础游戏上增加难度，如听到电器类就摸摸头。

（扫一扫，观看示范视频）

反向接龙

游戏名称：反向接龙。

训练类型：听觉训练。

游戏目标：

（1）引导孩子初步认识反义词，锻炼孩子的语言表达能力。

（2）促进孩子专注品质的发展。

游戏准备：无须道具。

游戏玩法：

（1）家长和孩子面对面坐好。

（2）家长说"我很高"，孩子就说"我很矮"；家长说"我是白天"，孩子就说"我是黑夜"。

（扫一扫，观看示范视频）

背后写数字

游戏名称： 背后写数字。

训练类型： 触觉训练。

游戏目标：

（1）引导孩子通过触觉感受，提升对数字的认知。

（2）培养孩子集中注意力的能力。

游戏准备： 无须道具。

游戏玩法：

（1）孩子背对着家长，家长用手指在孩子背上写数字。

（2）孩子通过触觉感受，判断出家长写的数字是多少。

（3）根据孩子的水平，可逐渐增加难度，如变写数字为写简单的汉字。

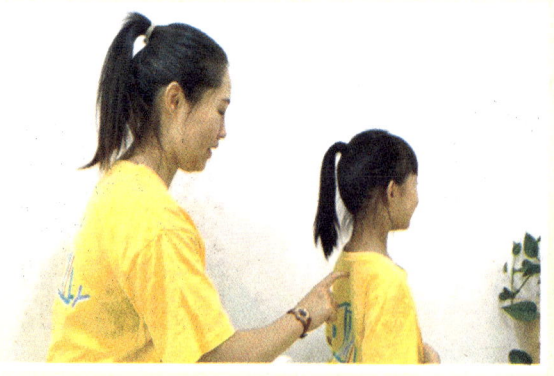

（扫一扫，观看示范视频）

圆圈变变变

游戏名称：圆圈变变变。

训练类型：想象能力训练。

游戏目标：

（1）引导孩子将圆形画成多种不同的事物。

（2）培养孩子专注的品质。

游戏准备：白纸、水彩笔。

游戏玩法：

（1）家长在白纸上画一个圆圈。

（2）家长请孩子通过想象，将圆圈加工成新的作品，如棒棒糖、苹果、比萨、饼干等。

（扫一扫，观看示范视频）

比大小

游戏名称：比大小。

训练类型：思维能力训练。

游戏目标：

（1）帮助孩子增强对数字的敏感度，学习辨别大小。

（2）培养孩子的专注力。

游戏准备：扑克牌。

游戏玩法：

（1）家长对扑克牌进行筛选，只留下有数字的扑克牌，并将牌分成两组。

（2）孩子和家长各拿一组扑克牌，轮流出牌，每次只出一张，谁的数字大，牌就归谁。如果出现一样大的数字则放在一旁，一方的牌出完游戏结束。

（扫一扫，观看示范视频）

躲避炸弹

游戏名称：躲避炸弹。

训练类型：思维能力训练。

游戏目标：

（1）鼓励孩子大胆操作，勇于挑战。

（2）提高孩子的逻辑思维能力，培养专注品质。

游戏准备：白纸、笔。

游戏玩法：

（1）家长在白纸上下两边画上方块数字。

（2）让孩子观察，并将相同的数字用线条连起来，但是相连的线不能有交叉。

（扫一扫，观看示范视频）

游戏附图：

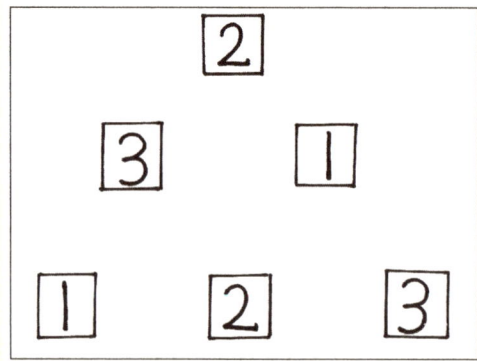

益智连线

游戏名称：益智连线。

训练类型：思维能力训练。

游戏目标：

（1）鼓励孩子多尝试、勇于挑战。

（2）发展孩子的逻辑思维能力，培养孩子注意力的集中与持久性。

游戏准备：白纸、笔。

游戏玩法：

（1）家长在纸上随意画出若干个小圆点。

（2）孩子观察图中的圆点，用一条线把所有的圆点连接起来，要求线不能交叉。

（3）根据孩子的水平，可逐渐增加圆点的数量。

（扫一扫，观看示范视频）

游戏附图：

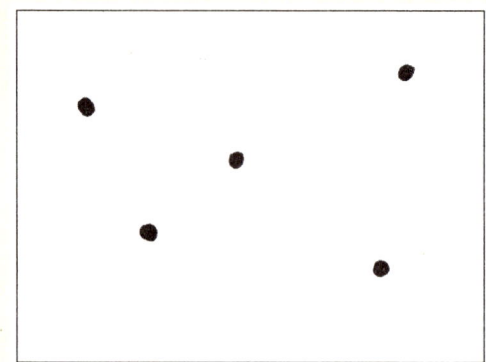

找规律

游戏名称： 找规律。

训练类型： 思维能力训练。

游戏目标：

（1）引导孩子学习排序，发现事物简单的排列规律。

（2）培养孩子注意的持久性。

游戏准备： 扑克牌。

游戏玩法：

（1）家长按颜色排序，孩子根据家长排列的规律接龙，如红—黑—黑—红—黑—黑等。

（2）家长按图形排序，孩子根据家长排列的规律进行接龙，如红桃—方块—黑桃—红桃—方块—黑桃等。

（3）家长按模式排序，孩子根据家长排列的规律接龙，如ABC、ABBC等模式。

（扫一扫，观看示范视频）

不能说"我"

游戏名称：不能说"我"。

训练类型：思维能力训练。

游戏目标：

（1）发展孩子语言表达能力。

（2）培养孩子注意的集中能力。

游戏准备：无须道具。

游戏玩法：

（1）1分钟内，对话中不能说"我"字。

（2）任何一方谈话中带有"我"字则为输。

（扫一扫，观看示范视频）

井字棋

游戏名称：井字棋。

训练类型：思维能力训练。

游戏目标：

（1）引导孩子学习井字棋的玩法。

（2）培养孩子注意力的分配与保持。

游戏准备：1张白纸、2支笔。

游戏玩法：

家长在白纸上画好井字格，告诉孩子游戏的玩法：一队画"○"，另一队画"×"，当其中一队三个符号首先能连成一条直线，此队为赢。

（扫一扫，观看示范视频）

数一数

游戏名称：数一数。

训练类型：思维能力训练。

游戏目标：

(1) 引导孩子通过数数，了解目标物的数量。

(2) 培养孩子专注的品质。

游戏准备：白纸、笔。

游戏玩法：

(1) 家长在纸上随机写几列数字，请孩子认真观察数列。

(2) 家长请孩子数一数，说出某一数字的出现次数，如家长让孩子数一数有几个数字"7"，孩子将7出现的次数数出来。

(3) 家长可根据孩子的兴趣，将数字变成图形、水果或动物卡通等。

（扫一扫，观看示范视频）

圈一圈

游戏名称：圈一圈。

训练类型：思维能力训练。

游戏目标：

（1）引导孩子学习10的组成。

（2）通过观察与计算的方式，培养孩子注意力的集中与保持。

游戏准备：数字图、笔。

游戏玩法：

（1）家长事先准备一张数字图，图中有10以内的数字。

（2）孩子观察数字图，通过计算将两两能组成"10"的数字圈出来。

（扫一扫，观看示范视频）

词语接龙

游戏名称：词语接龙。

训练类型：思维能力训练。

游戏目标：

（1）通过接龙游戏增加孩子的词汇量。

（2）培养孩子注意的集中与稳定。

游戏准备：无须道具。

游戏玩法：

（1）接龙说一组同类别的词，如"水果类"词语：苹果、香蕉、西瓜……也可以说"动物类"词语、"家具类"词语、"称呼类"词语等。

（2）在接龙中出现中断或者说错词语类别的一方则为输。

（扫一扫，观看示范视频）

超级百货店

游戏名称：超级百货店。

训练类型：思维能力训练。

游戏目标：

（1）发展孩子10以内数字加减法的运算能力。

（2）通过观察数字进行加减游戏，培养孩子注意的持久。

游戏准备：扑克牌、家庭常见物品若干。

游戏玩法：

家长扮演百货店售货员，孩子扮演顾客。例如，孩子询问家长："一个苹果多少钱啊？"家长回答："一个苹果8元"。孩子拿出"3和5"两张扑克牌，然后告诉家长"3元+5元=8元"，以此类推。

（扫一扫，观看示范视频）

磁铁找朋友

游戏名称：磁铁找朋友。

训练类型：思维能力训练。

游戏目标：

（1）培养孩子对自然科学的兴趣，认识磁铁吸附现象。

（2）通过观察磁铁的吸附，培养孩子注意的持久。

游戏准备：小磁铁。

游戏玩法：

孩子手持小磁铁在家里寻找到磁铁的好朋友，看看家里有什么物品能够被磁铁吸附，然后告诉家长："磁铁能和钥匙成为好朋友。"家长统计数量，看看孩子最后可以找到多少。

（扫一扫，观看示范视频）

方位大作战

游戏名称：方位大作战。

训练类型：思维能力训练。

游戏目标：

（1）锻炼孩子的快速反应能力，发展孩子的方位认知能力。

（2）通过听指令做动作，培养孩子注意的集中。

游戏准备：小篮子、家庭常见物品。

游戏玩法：

家长和孩子面对面坐立，进行剪刀石头布游戏，赢的一方发指令。例如，"请将小熊娃娃放到篮子里面"，输的一方就根据指令把小熊娃娃放到相应的位置。发出的指令可涉及多种物品或方位。

（扫一扫，观看示范视频）

规律图

游戏名称：规律图。

训练类型：思维能力训练。

游戏目标：

（1）锻炼孩子的思维能力和方位认知能力。

（2）通过听指令涂颜色，培养孩子注意的集中。

游戏准备：白纸、彩色笔。

游戏玩法：

家长在白纸上一个空白表格，然后发出指令——"请你在第一行第三个方框里面涂上蓝色"，孩子便根据指令在相应位置上涂颜色。

（扫一扫，观看示范视频）

游戏附图：

量词游戏

游戏名称：量词游戏。

训练类型：思维能力训练。

游戏目标：

（1）锻炼孩子的快速反应能力和语言表达能力。

（2）培养孩子注意的集中。

游戏准备：无须准备。

游戏玩法：

（1）游戏开始时先由家长说出一件物品，如家长说："门"，孩子便马上回答："一扇门"；家长说："电视"，孩子说："一台电视"等，由家长随意说出家庭中的任意物品，孩子说出相应量词。

（2）角色互换。孩子说出物品，家长根据物品说出相应量词。

（扫一扫，观看示范视频）

兔子的安全洞

游戏名称：兔子的安全洞。

训练类型：思维能力训练。

游戏目标：

（1）发展孩子10以内数字加减法的运算能力。

（2）通过运算游戏，培养孩子注意的集中与稳定。

游戏准备：白纸、黑笔。

游戏玩法：

（1）家长在纸上用圆圈代表安全洞，并在圆圈里画10以内数字加减法运算图式（见游戏附图）。

（2）家长与孩子设置游戏情境：小兔子需要躲避大灰狼，请听指令帮助兔子找到正确的安全洞。当家长说："兔子躲进7号安全洞"，孩子迅速找到答案为"7"的图式，并指出来。

（扫一扫，观看示范视频）

游戏附图：

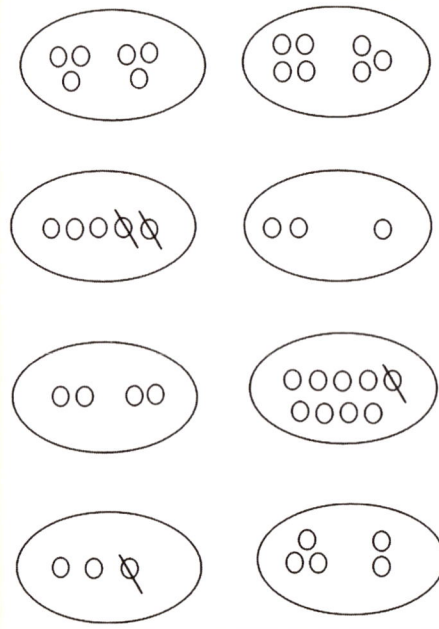

物品量一量

游戏名称：物品量一量。

训练类型：思维能力训练。

游戏目标：

（1）锻炼孩子对数字的认知能力和物品长度的认知能力。

（2）通过量测物品的各种长度，培养孩子注意的持久。

游戏准备：尺子一把、自制记录表。

游戏玩法：

（1）孩子手持尺子去量测家里的常见物品，如用尺子量手机的长度、量桌子的长度等，并在记录表上记录物品的长度。

（2）家长跟孩子一起比较物品长短，如"桌子比手机长""电视比月饼盒宽"。

（扫一扫，观看示范视频）

游戏附图:

物品	长度

小小邮递员

游戏名称：小小邮递员。

训练类型：思维能力训练。

游戏目标：

（1）锻炼孩子的观察能力和思维逻辑能力。

（2）通过听指令找房间，培养孩子注意的集中。

游戏准备：水彩笔、白纸、手绘小卡片若干。

游戏玩法：

（1）家长在白纸上画出5×3方框，然后在方框左侧每行位置标注上数字1~5，方框上侧标注4种不同颜色。家长与孩子一同绘制小卡片，画出简易的物体（如萝卜、小花、苹果等），代表相应的包裹。

（2）设置小小邮递员送信情境。家长发出指令："请把萝卜送到第5层红色房间里面""请把苹果送到第2层蓝色小房间里面"等等；孩子根据指令将小卡片放到相应的位置。

（扫一扫，观看示范视频）

游戏附图：

	■	■	■
5	🌱		
4			
3			
2			🍎
1			

正记数，倒记数

游戏名称：正记数，倒记数。

训练类型：记忆能力训练。

游戏目标：

（1）训练孩子的记忆能力和对数字的敏感度。

（2）培养孩子专注的品质。

游戏准备：无须道具。

游戏玩法：

（1）正记数：家长说数字，如"17853"，孩子读完之后复述数字"17853"。（根据孩子的游戏水平，正记数数列长度建议在5～10位数字内。）

（2）倒记数：家长说数字，如"5689"，孩子读完之后倒着顺序复述数字"9865"。（根据孩子的游戏水平，倒记数数列长度建议在4位数字内。）

（扫一扫，观看示范视频）

表情译码

游戏名称：表情译码。

训练类型：记忆能力训练。

游戏目标：

（1）引导孩子通过观察与记忆，画出正确的表情译码。

（2）锻炼孩子的短时记忆，培养注意的稳定与持久。

游戏准备：白纸、颜色笔。

游戏玩法：

（1）家长画出三个不同的表情，分别对应不同颜色、不同方向的三角形图案。

（2）孩子通过观察，并根据提示在空白的表格内完成图形绘制。

（3）根据孩子的水平，可逐渐增加难度。例如，将提示卡遮住进行游戏或改变表情对应的图案等。

（扫一扫，观看示范视频）

游戏附图：

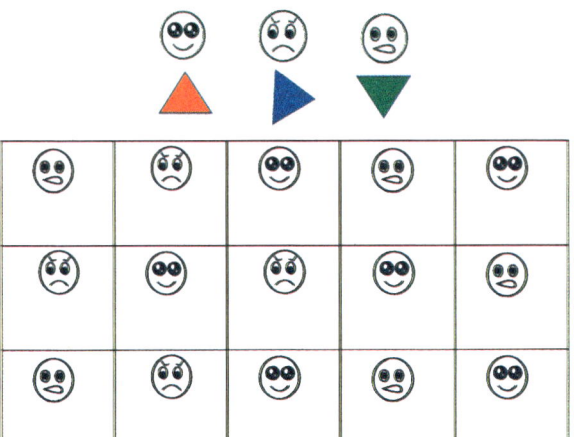

记图案

游戏名称：记图案。

训练类型：记忆能力训练。

游戏目标：

（1）锻炼孩子的短时记忆能力。

（2）培养孩子注意的稳定与持久。

游戏准备：白纸、笔。

游戏玩法：

（1）家长在白纸上画一个图形表（2×3或3×3都可以）。

（2）孩子在规定的游戏时间内观察图形表进行记忆。

（3）家长遮盖图形表，对孩子进行提问，如"第二排第一个是什么图形？"孩子根据问题回答。

（4）根据孩子的水平，可增加难度，如给孩子一张只有格子没有图案的纸，让孩子把刚刚记忆的图形表画到相应的格子里。

（扫一扫，观看示范视频）

游戏附图：

数字传真

游戏名称：数字传真。

训练类型：记忆力训练。

游戏目标：

（1）锻炼孩子的短时记忆力和对数字的敏感度。

（2）促进亲子之间的情感，培养孩子专注的品质。

游戏准备：白纸、笔。

游戏玩法：

（1）家长提前准备几组数字，读一遍。

（2）孩子在听完每一组数字后凭记忆写下听到的数字。例如，家长读"63219"，孩子听完后在纸上写63219。

（扫一扫，观看示范视频）

光影游戏

游戏名称：光影游戏。

训练类型：创造力训练。

游戏目标：

（1）锻炼孩子的观察力。

（2）培养孩子注意的持久。

游戏准备：白纸、笔、玩具。

游戏玩法：

（1）家长选取有阳光或有灯光的位置，请孩子把自己喜欢的玩具放在白纸上，让阳光或灯光照射出影子。

（2）孩子仔细观察，用笔在白纸上描绘出玩具的影子边线。

（3）对影子进行艺术想象创造。

（扫一扫，观看示范视频）

数字变形画

游戏名称：数字变形画。

训练类型：创造力训练。

游戏目标：

（1）鼓励孩子借助数字的形状，大胆想象添画，拓展思维。

（2）培养孩子注意的稳定与持久。

游戏准备：白纸、笔。

游戏玩法：

（1）家长在白纸上写上数字0~9。

（2）孩子根据数字的形状尝试创作想象，把数字变成一系列有趣的事物。例如，把数字2变成一只鸭子。

（扫一扫，观看示范视频）

游戏附图：

0	1
2	3
4	5
6	7
8	9

听故事拍手

游戏名称：听故事拍手。

训练类型：混合训练。

游戏目标：

（1）引导孩子认真聆听故事，听到指定词语后拍手。

（2）培养孩子专注的品质。

游戏准备：故事书1本。

游戏玩法：

（1）家长为孩子准备一个故事，如《小马过河》。家长与孩子共同约定：当孩子听到"小马"一词时，需要立即做拍手动作。

（2）家长为孩子朗读故事，孩子认真聆听，当听到"小马"一词时立即拍手。

（扫一扫，观看示范视频）

舒尔特方格

游戏名称：舒尔特方格。

训练类型：混合训练。

游戏目标：

（1）引导孩子手口一致地将舒尔特方格中的数字按顺序数出来。

（2）在点数游戏中，培养孩子注意的集中与广度。

游戏准备：舒尔特方格、计时器。

游戏玩法：

（1）家长教导孩子舒尔特方格玩法：请孩子手口一致地点数方格里面的数字，如按顺序从1数到15。

（2）孩子点数数字，家长为孩子计算时长。

（扫一扫，观看示范视频）

游戏附图：

5	3	6
8	9	1
2	4	7

搭扑克牌

游戏名称： 搭扑克牌。

训练类型： 混合训练。

游戏目标：

（1）鼓励孩子尝试搭建垒高扑克牌。

（2）培养孩子注意的集中与持久。

游戏准备： 扑克牌。

游戏玩法：

（1）家长与孩子各自尝试搭建和垒高扑克牌。

（2）家长与孩子比赛，看谁的扑克牌搭得高。

（扫一扫，观看示范视频）

大小泡泡

游戏名称：大小泡泡。

训练类型：混合训练。

游戏目标：

（1）提高孩子的反应力和专注力。

（2）发展孩子的语言表达能力。

游戏准备：白纸、笔。

游戏玩法：

（1）家长用笔在白纸上画出三种大小不一的圆，并在圆内写上"大""中""小"字。

（2）家长用笔指着圆，孩子根据所指的圆快速地说出正确的内容。例如，大泡泡里住着"小"，中泡泡里住着"中"，小泡泡里住着"小"，等等。

（扫一扫，观看示范视频）

游戏附图：

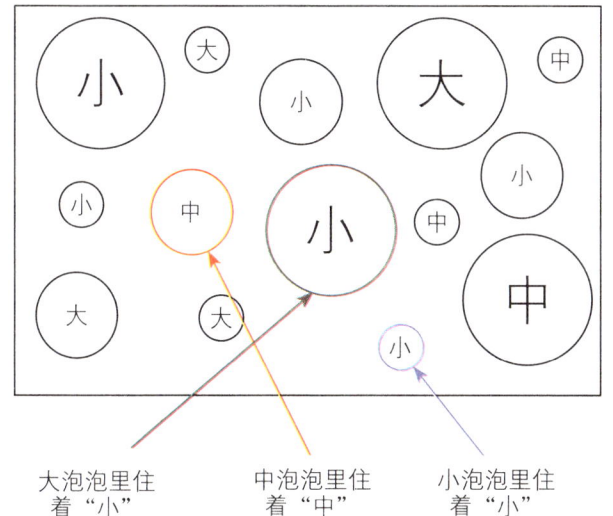

接尺子

游戏名称：接尺子。

训练类型：混合训练。

游戏目标：

（1）锻炼孩子手眼协调能力。

（2）培养孩子专注的品质。

游戏准备：尺子。

游戏玩法：

（1）家长站在高处，让尺子自由下落。

（2）孩子需要用手接住尺子。

（扫一扫，观看示范视频）

数字恰恰

游戏名称：数字恰恰。

训练类型：混合训练。

游戏目标：

（1）锻炼孩子对数字的敏感度，激发孩子的数学兴趣。

（2）锻炼孩子的反应能力，培养孩子专注的品质。

游戏准备：白纸若干、笔。

游戏玩法：

（1）家长和孩子分别用笔在白纸上写上数字。

（2）家长把数字卡片围成圆圈，孩子站在中间。

（3）孩子根据家长指令踩中正确的数字。例如，左脚踩3，右脚踩8，双脚踩4等，孩子根据家长的指令快速地做出正确的选择。

（扫一扫，观看示范视频）

老狼老狼几点钟（一）

游戏名称： 老狼老狼几点钟（一）。

训练类型： 混合训练。

游戏目标：

（1）锻炼孩子的快速反应能力。

（2）通过认识整点时间，培养孩子注意的集中。

游戏准备： 时钟或小闹钟一个、布娃娃一个。

游戏玩法：

（1）家长与孩子一起制定游戏规则：如果老狼的时钟显示12点，老狼就要吃掉布娃娃，请孩子及时救出布娃娃。

（2）家长扮演"老狼"，孩子问："老狼，老狼，几点钟？"家长手持时钟，任意拨动时钟指到一个时整点，家长或孩子根据指针位置判断并说出该时间点，如果是12点整，孩子就要及时抱起娃娃，躲避老狼的抓捕。

（扫一扫，观看示范视频）

老狼老狼几点钟（二）

游戏名称：老狼老狼几点钟（二）。

训练类型：运动训练。

游戏目标：

（1）锻炼孩子的身体协调能力。

（2）培养孩子注意的稳定与持久。

游戏准备：室内或室外场地，设置小白兔的家。

游戏玩法：

家长扮演老狼，背对孩子站立，两人距离约5米远。例如，孩子询问"老狼老狼几点钟"，家长回答数字"三点钟"，孩子悄悄往前走三步，以此类推；老狼根据孩子前进步数判断孩子位置，当老狼说"开饭啦"，小白兔就要躲避老狼的抓捕躲回家里。如果最后小白兔在没有被老狼发现的情况下碰到老狼就算小白兔胜利。

（扫一扫，观看示范视频）

金鸡独立

游戏名称：金鸡独立。

训练类型：运动训练。

游戏目标：

（1）鼓励孩子在一定的时间内保持单脚站立。

（2）培养孩子专注的品质。

游戏准备：无须道具。

游戏玩法：

家长与孩子一同开始单脚站立，比一比谁单脚立的时间长。

（扫一扫，观看示范视频）

方位游戏

游戏名称：方位游戏。

训练类型：运动训练。

游戏目标：

（1）锻炼孩子的方位判断能力，发展孩子的跳跃能力。

（2）通过听指令做动作，培养孩子注意的集中。

游戏准备：空旷场地。

游戏玩法：

（1）家长与孩子先共同熟悉四字方位词，如"前前左左""右右后后"等。

（2）家长发出指令，孩子根据指令中的方位连续跳跃。

（3）角色互换，由孩子扮演指令发布者，家长做相应动作。

（扫一扫，观看示范视频）

桌球导弹

游戏名称：桌球导弹。

训练类型：运动训练。

游戏目标：

（1）锻炼孩子对数列的认知与辨别能力。

（2）通过倾听并复述代码游戏，培养孩子注意的集中。

游戏准备：桌子、黑笔、小纸、双面胶、饮料瓶盖若干。

游戏玩法：

（1）家长在小纸上写上10以内的数字，贴在饮料瓶盖上。

（2）家长与孩子在桌子的侧面站立。家长发出指令："射击3号目标"，孩子选择对应号数的瓶盖，用食指和拇指的力量将"导弹"弹出去。

（3）角色互换。孩子说指令，家长弹饮料瓶盖。

（扫一扫，观看示范视频）

抢杯子

游戏名称：抢杯子。

训练类型：运动训练。

游戏目标：

（1）锻炼孩子快速反应能力和手眼协调能力。

（2）通过快速取杯，培养孩子注意的集中。

游戏准备：绳子一根，一次性纸杯若干，桌子一张。

游戏玩法：

家长站在孩子身后，双手拿着绳子中端，使绳子在孩子面前两端左右晃动，孩子根据绳子左右摆动的规律找到空缺点，迅速拿掉桌子上的杯子，在不碰到绳子的情况下将杯子全部拿掉就算挑战成功。

（扫一扫，观看示范视频）

拍球数数

游戏名称：拍球数数。

训练类型：运动训练。

游戏目标：

（1）鼓励孩子尝试边拍球边数数。

（2）培养孩子注意的集中与分配。

游戏准备：2个篮球、1个计时器。

游戏玩法：

（1）家长与孩子每人一个球，边拍球边数数。

（2）家长与孩子开展1分钟拍球比赛，看谁拍得多。

（扫一扫，观看示范视频）

亲子跳绳

游戏名称：亲子跳绳。

训练类型：运动训练。

游戏目标：

（1）提高孩子动作的协调性和跳跃能力。

（2）培养孩子的专注品质。

游戏准备：短绳、长绳各一条。

游戏玩法：

（1）家长带孩子在操场或空旷的场地自由地跳绳。

（2）双人跳绳：孩子与家长面对面站好，家长喊"1、2、3"甩绳子，孩子与家长一起跳过绳子。

（扫一扫，观看示范视频）

绕物拍球

游戏名称：绕物拍球。

训练类型：运动训练。

游戏目标：

（1）引导孩子绕过障碍物拍球。

（2）培养孩子的专注品质。

游戏准备：小椅子若干、球2个。

游戏玩法：

（1）家长找一个开阔的地方，相隔0.5米放置一张小椅子当作障碍物，并设置起点与终点。

（2）家长与孩子共同比赛拍球，需要一边绕过障碍物一边拍球，看谁最快到达终点。

（扫一扫，观看示范视频）

小天平

游戏名称：小天平。

训练类型：运动训练。

游戏目标：

（1）通过多种平衡游戏，发展孩子的平衡能力和协调能力。

（2）培养孩子专注的品质。

游戏准备：纸杯2个、细绳。

游戏玩法：

（1）家长与孩子学做小天平，两手侧平举，用一只脚站立，保持身体不摇摆。

（2）家长与孩子把纸杯放在头顶，从细绳上走过，纸杯不能掉下来。

（扫一扫，观看示范视频）

二人三足

游戏名称：二人三足。

训练类型：运动训练。

游戏目标：

（1）通过在游戏中的相互合作，促进孩子平衡能力的发展。

（2）培养孩子专注的品质。

游戏准备：绳子1条、小椅子若干。

游戏玩法：

（1）家长找一个开阔的地方，相隔0.5米放置一张小椅子当作障碍物，并设置起点与终点。

（2）家长用绳子将自己的右脚与孩子的左脚绑起来，变成二人三足。

（3）家长与孩子共同从起点走到终点，注意相互合作，保持平衡。

（扫一扫，观看示范视频）

迷途知返

游戏名称：迷途知返。

训练类型：运动训练。

游戏目标：

（1）促进孩子方位感的灵活化，提高其平衡能力。

（2）通过蒙眼走和认真听的游戏，培养孩子注意的持久。

游戏准备：室外空旷场地、蒙眼布。

游戏玩法：

（1）家长帮助孩子蒙眼原地自转3～5圈后停下；家长快速离开孩子，随便到达一个离孩子不远的地方；家长呼唤孩子，鼓励孩子说出方位，孩子循着声音的方位走向家长。

（2）游戏升级：家长在呼唤孩子的时候步伐缓慢移动，或者离孩子的位置由近到远。

（扫一扫，观看示范视频）

踩老鼠

游戏名称：踩老鼠。

训练类型：运动训练。

游戏目标：

（1）发展孩子跑的动作技能和身体协调能力。

（2）通过踩绳子发展视觉追踪能力，培养孩子注意的集中。

游戏准备：户外场地、粗绳子一根，在绳子一端拴上小老鼠玩偶（手偶）。

游戏玩法：

家长抓住绳子的一端不断地边走边移动绳子，使"小老鼠"在地上不断左右前后晃动，孩子一边追着"小老鼠"，一边用脚及时踩住"小老鼠"。

游戏建议："小老鼠"材料可进行变换，如小铃铛、矿泉水瓶等。

（扫一扫，观看示范视频）

纸球大作战

游戏名称：纸球大作战。

训练类型：运动训练。

游戏目标：

（1）发展孩子的投掷能力和锻炼孩子的手臂肌肉力量。

（2）通过精准投掷小动物的游戏，培养孩子注意的集中。

游戏准备：小动物玩偶（布娃娃）、废旧纸张或报纸。

游戏玩法：

（1）家长与孩子一起将报纸或废旧纸张揉成纸球，家长与孩子一起双手各拿一个纸球，两人比赛，同时双手将两个纸球轻轻往上抛并尝试接住。

（2）家长将小动物玩偶（布娃娃）放置离起点线4～5米远处，家长和孩子一起轮流投掷，看看谁先击倒小玩偶（布娃娃）。

（扫一扫，观看示范视频）

踢皮球

游戏名称：踢皮球。

训练类型：运动训练。

游戏目标：

（1）锻炼孩子的奔跑能力和身体协调能力。

（2）通过将球踢向对方和用脚踩停小球的游戏，培养孩子注意的集中。

游戏准备：小皮球、户外空旷场地。

游戏玩法：

（1）家长与孩子面对面站立，距离约3米远，两人互相用脚将小球踢到对方面前。

（2）家长原地踢球，孩子奔跑到某个地方停止，家长将球缓慢地踢向孩子，孩子尝试用脚将球踩住，使之停止。互换角色，反复游戏。

（扫一扫，观看示范视频）

运西瓜

游戏名称：运西瓜。

训练类型：运动训练。

游戏目标：

（1）锻炼孩子绕障碍走的能力和手眼协调能力。

（2）通过双人运球的游戏，培养孩子在游戏中注意的持久。

游戏准备：篮球一个、棍子两根、水桶一个、废旧水瓶若干。

游戏玩法：

（1）孩子和家长一起手持棍子夹住篮球，从起点线运到终点，放入水桶。

（2）将废旧水瓶作为障碍物放在地面上，家长和孩子合作运篮球到终点。

（扫一扫，观看示范视频）

踩气球

游戏名称：踩气球。

训练类型：运动训练。

游戏目标：

（1）锻炼孩子的下肢力量和身体协调能力。

（2）培养孩子注意的集中。

游戏准备：气球若干、绳子若干、户外空旷场地。

游戏玩法：

（1）家长将气球吹饱满，用绳子绑在两只脚旁，然后与孩子玩踩气球游戏，家长做气球保护者，不让孩子踩到气球。

（2）家长将气球吹饱满，用绳子绑在一只脚旁，孩子也绑一个气球，家长和孩子来比赛，看看谁先踩爆对方脚上的气球。

（扫一扫，观看示范视频）

双脚夹球跳

游戏名称：双脚夹球跳。

训练类型：运动训练。

游戏目标：

（1）锻炼孩子的跳跃能力，增强孩子腿部的肌肉力量。

（2）通过夹球绕障碍跳游戏，培养孩子注意的集中。

游戏准备：废旧报纸、废旧饮料瓶。

游戏玩法：

（1）家长和孩子一起将废旧报纸揉成纸团，然后将纸团夹到膝盖之间，一起比赛看谁先从起点跳到终点。

（2）将饮料瓶放置于地面作为障碍物，然后家长和孩子一起比赛，夹纸球绕过障碍物跳到终点。

（扫一扫，观看示范视频）

摆钟障碍跳

游戏名称： 摆钟障碍跳。

训练类型： 运动训练。

游戏目标：

（1）发展孩子的跳跃能力，锻炼孩子的下肢爆发力。

（2）通过闪躲跳跃，培养孩子注意的集中。

游戏准备： 室内或室外场地、拖把。

游戏玩法：

（1）家长将拖把在地面上左右摆动，孩子根据摆动情况进行原地双脚并拢跳，注意不要踩到拖把。

（2）互换角色，孩子手拿拖把棍子左右摆动，家长进行原地跳跃。

（扫一扫，观看示范视频）

顶小球

游戏名称： 顶小球。

训练类型： 运动训练。

游戏目标：

（1）发展孩子的手眼协调能力和视觉追踪能力。

（2）通过拍打悬空的塑料袋游戏，培养孩子注意的持久。

游戏准备： 保鲜袋（塑料袋）若干、室外空旷场地。

游戏玩法：

家长对保鲜袋（塑料袋）吹气，然后绑紧，使其成为一个空气小球，然后家长和孩子用手来回将空气小球拍向对方，每次每人只能拍一下，不能让小球掉落到地面上。

（扫一扫，观看示范视频）

你抽，我跳

游戏名称：你抽，我跳。

训练类型：运动训练。

游戏目标：

（1）锻炼孩子的跳跃能力和手脚协调能力。

（2）通过跳跃软垫的游戏，培养孩子注意的持久。

游戏准备：室内或室外场地、小软垫若干、大软垫一张。

游戏玩法：

（1）家长将大软垫铺置在地面上，将小软垫叠加起来放置在大软垫上面。

（2）孩子站在小软垫上面，家长数"一、二、三"，数到"三"的时候孩子就往上跳，家长在孩子往上跳的时候抽出一块小软垫。过程中家长要保护好孩子的安全。

（扫一扫，观看示范视频）

躲炸弹

游戏名称： 躲炸弹。

训练类型： 运动训练。

游戏目标：

（1）锻炼孩子投掷的动作技能和闪躲能力。

（2）通过快速闪躲纸球游戏，培养孩子注意的集中。

游戏准备： 户外场地、废旧报纸。

游戏玩法：

（1）在户外场地，家长和孩子将废旧报纸揉成纸团，两人距离3～5米远，家长手持纸球向孩子投掷过去，孩子要躲闪纸球不被投中。

（2）互换角色，孩子投掷纸球，家长躲闪。

（扫一扫，观看示范视频）

石头剪刀布

游戏名称：石头剪刀布。

训练类型：运动训练。

游戏目标：

（1）锻炼孩子连续跳的动作技能和身体协调能力。

（2）通过剪刀石头布变换游戏，培养孩子注意的持久。

游戏准备：室内或室外场地。

游戏玩法：

家长和孩子面对面站立，连续双脚并拢原地跳并喊出"石头剪刀布"，然后用双脚做出相对应的动作。双脚并拢代表"石头"，双脚打开代表"布"，双脚交叉代表"剪刀"，比比谁更厉害。

（扫一扫，观看示范视频）